充电企业管理研究与实践

杨金鑫 著

上海大学出版社
·上海·

图书在版编目(CIP)数据

充电企业管理研究与实践 / 杨金鑫著. -- 上海：上海大学出版社，2024.11. -- ISBN 978 - 7 - 5671 - 5119 - 2

Ⅰ.F726.9

中国国家版本馆 CIP 数据核字第 202418RF58 号

责任编辑　李　双
封面设计　缪炎栩
技术编辑　金　鑫　钱宇坤

充电企业管理研究与实践
杨金鑫　著
上海大学出版社出版发行
（上海市上大路 99 号　邮政编码 200444）
（https://www.shupress.cn　发行热线 021 - 66135112）
出版人　余　洋
*
南京展望文化发展有限公司排版
江苏凤凰数码印务有限公司印刷　各地新华书店经销
开本 710mm×1000mm　1/16　印张 7.75　字数 112 千
2024 年 11 月第 1 版　2024 年 11 月第 1 次印刷
ISBN 978 - 7 - 5671 - 5119 - 2/F · 251　定价 62.00 元

版权所有　侵权必究
如发现本书有印装质量问题请与印刷厂质量科联系
联系电话：025 - 57718474

前言

近年来,国家及地方政府不断推出旨在促进电动汽车行业发展的政策措施,并持续加大力度,此举不仅有效降低了传统汽车尾气排放量,减轻了对传统能源的依赖程度,还显著推动了电动汽车产业的蓬勃发展。随着新能源汽车产业的不断壮大,新能源汽车的保有量持续增加,为改善环境质量作出了重要贡献。然而,随着电动汽车保有量的迅猛增长以及销售市场的井喷式爆发,电动汽车的配套设施与消费者日益增长的需求之间的矛盾日益凸显。在此过程中,一系列问题逐渐浮出水面,其中较为突出的是充换电设施的建设与运营尚不完善,亟待进一步优化和提升。

本研究深入且全面地审视了充换电行业的当前发展状况与未来演变趋势,通过应用充换电领域所依托的经济学基本理论与核心概念,对上海市充换电行业的成长路径及其所遭遇的主要挑战进行了系统性剖析。在充分借鉴国内外领先实践的基础上,对现有政策框架进行了细致评估,并据此提出一系列旨在推动行业发展的对策建议。

本研究采取了多元的研究方法,包括但不限于文献回顾、现场实地调研以及详尽的数据分析等,以确保信息的全面收集与整理。通过对这些资料的深入剖析,本研究得以准确把握充换电行业的动态趋势,进而为所提出的研究结论与政策建议提供了坚实可靠的支撑。

本书基于"上海市充换电设施公共数据采集与监测市级平台"接入的数据,进行统计和研究。研究聚焦上海市历年充换电设施累计接入总量和实际运营数量之间的动态关系,旨在揭示其内在规律与趋势。同时,本研究还深入探讨了上海市充换电设施行业的整体发展状况,特别是新接入公共充换电设施的具体情况。

针对2022年的数据,本研究详细分析了不同建设场所下公共充电设施的建设情况,并展望了未来上海市充换电设施建设与发展的主导方向。研究内容涵盖了配套充换电设施的建设布局、充换电设施运营企业的服务质量、充换电技术标准以及充换电行业的整体发展环境等多个维度,确保分析的全面性和深入性。基于上述分析,本研究提出了一系列针对性的对策与建议,旨在优化上海市充换电基础设施布局、完善相关标准规范、提升充换电服务质量,并探索可持续的商业模式。这些对策与建议对于推动上海市充换电行业的健康发展、促进电动汽车产业的进一步普及具有重要的参考价值。

此外,本研究还深入探讨了充换电行业未来的发展趋势与方向,为电动汽车的广泛推广以及充换电行业的长远发展提供了极具价值的参考与指导。总体而言,本研究的成果对于促进上海市乃至全国充换电行业的持续发展以及电动汽车产业的蓬勃发展具有重要意义。

目录

第一章 充换电领域相关的经济学基本理论 ... 1
- 第一节 生产力与生产关系 ... 1
- 第二节 平均利润率与市场均衡 ... 3
- 第三节 充电设施的波特五力 ... 6
- 第四节 基础设施与市场的关系 ... 11

第二章 充换电领域相关的基本概念 ... 14
- 第一节 充电基础设施分类及构成 ... 14
- 第二节 按照站点规模和布局特点划分 ... 15
- 第三节 按照站点功能和服务对象划分 ... 16
- 第四节 充电桩类型 ... 17
- 第五节 充电站构成 ... 19
- 第六节 充电基础设施的关键技术 ... 21
- 第七节 风光储充技术 ... 29

第三章 国内市场现状分析 ... 31
- 第一节 充换电设施行业迎来规模化快速发展阶段 ... 31
- 第二节 充换电设施运营企业发展现状分析 ... 35
- 第三节 充换电设施总体情况概览 ... 43
- 第四节 充换电设施建设发展状况研究 ... 51
- 第五节 充电基础设施发展的影响因素 ... 66

第六节　充电基础设施细分市场 ·················· 67

第四章　充电基础设施的商业模式 ·················· 77
　　第一节　投资主体的确定 ·················· 78
　　第二节　生产关系的确定 ·················· 79
　　第三节　国外充电基础设施的商业模式 ·················· 80
　　第四节　国内充电基础设施的典型商业模式 ·················· 84
　　第五节　PPP市政工程模式 ·················· 85
　　第七节　融资租赁模式 ·················· 86
　　第八节　众筹合作模式 ·················· 87
　　第九节　挑战及趋势 ·················· 88

第五章　充换电设施运营情况分析 ·················· 91
　　第一节　充换电设施历年运营概况 ·················· 91
　　第二节　本年度运营情况分析 ·················· 92
　　第三节　企业充换电设施运营情况分析 ·················· 96
　　第四节　城区服务半径分析 ·················· 99

第六章　车辆充换电特征研究 ·················· 101
　　第一节　启动充电时段分布 ·················· 101
　　第二节　次均充电时长 ·················· 103
　　第三节　次均充电量 ·················· 104
　　第四节　电费单价 ·················· 105

第七章　专项分析 ·················· 110
　　第一节　联联充电专项分析 ·················· 110
　　第二节　示范项目专项分析 ·················· 113
　　第三节　小结 ·················· 116

第一章

充换电领域相关的经济学基本理论

第一节 生产力与生产关系

生产力是一个复杂的系统,它是参与社会生产和再生产过程中所有物质与技术要素的总和。其主要由劳动资料(以生产工具为主)、劳动对象和劳动者三个要素构成。生产力中的主导要素是劳动者。

将这一理论视角应用于充电设施的生产力分析,我们可以清晰地看到,其生产力同样由三个核心要素构成:一是设备本身,作为生产工具;二是劳动对象,即充电车辆;三是劳动者,具体体现为场地所有者与运营单位。这三者共同构筑了充电设施生产力的基石。具体而言,设备能力的大小,直接通过其功率大小得以体现;车辆接收电能的能力,则反映在充电速度的快慢上;运营综合服务能力,表现为场地方的管理水平和充电设施运营商的服务水平。在某些情况下,场地方与运营商可能同属一个集合,进一步强化了这一综合服务能力的整合效应。

生产关系是一个复杂且多层次的经济结构,其核心构成可概括为:生产资料的所有制关系,它构成了生产关系的基础框架;人们在生产活动中的地位和交换关系,其体现了生产过程中的社会关系;产品分配关系以及由它直接决定的消费关系等,它决定了生产成果的归属与流转,反映了社会成员对生产成果的利用方式。在这个高度整合的生产关系体系中,各方面相互依存、相互制约,共同组成一个有机的统一体。在这个复杂的生产关系的体系中,生产资料所有制是最基本的,是生产关系的基础,它从根本上决定了生产关系的性质与走向,是理解和分析生产关系不可或缺的核心要素。

在理解和分析充电设施的生产关系时,我们需全面考虑电力资源的归属、设施本身的归属、充电位的权属,以及充电行为所引发的交换关系与收入分配的机制等。这一系列关系共同构成了充电设施生产关系的复杂而有序的整体。在此统一体中,各种因素相互交织,形成了多样化的组合模式。然而,最基本的决定因素,是生产资料的所有制,即电力资源、充电设施及停车位的所有权归属。基于这些基础性的所有权关系,进而衍生出多种不同的组合方式。

在生产力和生产关系的相互作用及其矛盾演进的过程中,两者之间始终存在着一种内在的、本质的、必然的联系。这种联系的核心在于生产关系须与生产力的发展状况相契合,即适应生产力的性质、水平和发展的内在要求。当生产关系与生产力发展相协调时,它便推动生产力的发展,但这时生产关系与生产力之间仍然存在着一定的矛盾,只不过这时的矛盾处于量变阶段,生产关系不会发生根本性的变化;当生产关系无法再满足生产力的发展需求时,生产力便会产生变革旧的生产关系的内在动力,两者间的矛盾越来越尖锐。这一过程经历了从量变到质变的深刻转变,最终促使生产关系发生根本性的变革,即以一种新的生产关系代替旧的生产关系,从而在生产关系和生产力之间再次建立起新的适应关系。

以停车场为例,原有的生产关系主要聚焦于车位本身,不涉及电力供应及复杂设施(立体车库、地下车库等),服务对象仅限于停泊车辆,其匹配过程相对简单。然而,在充电设施引入后,生产关系呈现出双重特征,即在原有的生产关系基础上,发展出新的生产关系,且两者以新的组合方式共存。这两种关系的共存与演变,是矛盾运动的过程。若生产关系不顺,势必会制约生产力的发展;反之,生产力的发展则会推动生产关系的变革。

当同一个生产力能够同时满足两种生产关系的需求时,则两者可以共存。例如,充电设施在提供充电服务的同时,也扮演着停车场的角色。

然而,若某一个生产力,在满足一种生产关系时,无法兼顾另外一种生产关系的需求,则会导致生产关系之间的矛盾与冲突,这正是燃油车占用充电车位问题看似难以解决的根本原因。因此,唯有发展生产力,即提升充电设施的功率、电池技术水平及服务能力,才能有效促进生产关系的变革,从根本上解决当前存在的矛盾与问题。

第二节 平均利润率与市场均衡

平均利润率是社会剩余价值总量同社会预付总资本的比率。其形成是基于部门之间激烈竞争的必然结果。平均利润率的形成过程,实际上是全社会的剩余价值在各部门资本家之间重新分配的过程。平均利润率水平的高低,受到双重因素的制约:一是各部门利润率水平,二是利润率不同的各部门的资本量在社会总资本中所占的比例。因此,平均利润率并非各部门利润率的简单算术平均和绝对的平均,而是一种利润率趋于平均化的总体趋势。

在宏观经济学的语境下,平均利润率被赋予了特定的阐释。简而言之,社会资本如同水流,具有自然流向价值洼地的特性,旨在实现整体水位的相对稳定,避免显著波动。具体而言,一方面,当某一流动资产类投资的预期利润率高达20%,远超社会平均利润率(7%)时,可以预见,此高利润预期将吸引大量社会资本进入该投资领域。另一方面,针对固定资产类投资,若该类投资在转固定资产后需经历五年折旧期,且预期利润率设定为10%,则为了达到基本投资回报要求,资产的实际收益率需显著提升,理论上需超过30%以上[此处暂不考虑复杂的复利计算公式如PV/FV计算,PV通常指的是现值(Present Value),FV指的是未来值(Future Value)]。这一设定正是"三年回本,两年盈利"这一常见投资理念的理论基础,它反映了投资者对于投资回报速度与幅度的期望。

因此,唯有当市场展现出高利润率预期时,才能吸引社会资本的注入。换言之,在市场具备高利润率预期的背景下,社会资本将自然而然地流向该市场。此等资本流入将推动市场逐渐趋向于平均利润率水平。若社会资本反馈的利润率水平未能达到预期，则可以预见未来不会再有新的投资进入该市场。这一基本判断在充电设施投资过程中显得尤为重要，它要求我们在市场持续变化的背景下，不断调整和优化投资策略。

在微观经济学的框架下，市场均衡这一概念描述的是市场交易中买卖双方达成的一种特定状态。具体而言，当市场中购买者所愿意购买的商品数量正好等于出售者所愿意出售的商品数量时，这种状态即被称为市场均衡，亦可以称为市场交易均衡量。在经济体系的宏观视角下，每一个经济事务都处在多种经济力量的综合影响之下。若这些影响该经济事务的各方面力量能够形成有效的相互制约或抵消，那么该经济事务将趋于一种相对稳定的静止状态，并维持该状态不变。此时，我们称该经济事务达到了均衡状态。

微观经济学将市场细分为四种类型：完全竞争市场、垄断竞争市场、寡头市场和垄断市场，其中后三者被视为非完全竞争市场。这种划分依据的是市场竞争的激烈程度，而影响这一程度的因素主要有四点：一是市场上供应商的数量；二是供应商之间各自提供产品的差别程度；三是单个供应商对市场价格的操控能力；四是供应商进入或退出一个行业的难易程度。

在充电设施领域，应用上述理论时，需要考虑以下方面：充电设施运营商的竞争对手数量、各运营商提供的充电服务差异、运营商对市场价格的控制程度，以及运营商进入该领域是否需要特定的资质或条件。这些是市场调研的核心内容，同时也是制定投资策略和进行运营预判的重要基础。

在均衡市场的框架下，市场运行体现为供给、需求、价格、数量这四个维度之间的互动与调整（图1-1）。随着供需关系的变化，市场均衡状态也在发生相应的变化。然而，在这一动态过程中，均衡价格和均衡产量作为市场均衡的核心指标，始终代表着市场运行所能达到的最优化状态，这是运营理论中的一项基本原则。具体而言，当需求量的变化未能及时匹配供给量的变化时，基于市场供需法则的作用，均衡价格往往会在短期内出现下降;反之,若供给量的变化滞后于需求量的快速增长,均衡价格则会在短期内上涨。

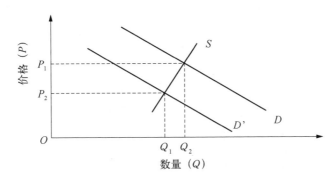

图 1-1　供给、需求、价格、数量之间的四维度变化关系图
(D 为需求曲线;S 为供给曲线)

以电动出租汽车市场为例,若该市场在短时间内新增了 500 台电动出租汽车,这一变化将直接影响到市场的供需格局。理论上,运营商基于对市场供需状况的合理预判与共同认知,有可能形成一致意见,选择提高服务费用价格,以应对市场供给增加所带来的潜在影响。这一决策过程充分体现了市场均衡理论在实际运营中的应用。

若充电站的供给量增加,而充电需求 D 保持不变时,根据市场供需原理,供给曲线 S 将右移,从而导致均衡价格出现下降。均衡价格的具体下降幅度将取决于两个核心因素:一是供给数量需充分满足需求数量,特别是针对出租车等高峰时段的充电需求,以确保市场的稳定运行与服务的全面覆盖。二是均衡价格的下降应达到一个合理水平,使得社会平均利润率目标得以实现。这一目标的实现是市场调节机制与行业发展目标相结合的必然结果,旨在保障充电服务行业的可持续发展与公平竞争。

在投资评估的视角下,一个 40 千瓦的交流充电桩的预估成本约为 1 万元。同时,针对该充电桩所需的常规配电设施,若以 630 kVA 为标准进行配置,其成本估算可达 60 万元。在此基础上,若规划部署 15 个 40 千瓦的充电桩,则每个充电桩在配电设施上的分摊成本约为 4 万元。此外,还需考虑配套的施工费用、电缆等额外成本,这些费用再行估算约为 1 万元。综合上述各项成本,单个充电桩的总投资估算将达到 6 万元。进一步地,若以 2 亿元的服务费作为基准,并依据上文所述的转固投资在三年内实现回本的逻辑进行反推算,该笔服务费所能支撑的社会投资总额可达 6 亿元。换言之,这将足以支持建设并运营大约 10 000 个充电桩的规模。

然而,此为一种静态假设。在供给增加导致价格下降的动态环境下,初期社会投资者预估市场总量为 10 000 个充电桩。随着动态自由竞争的深入,服务费开始下调。若服务费降至 0.3 元/千瓦时,则所能支撑的社会投资额约为 4 亿元,相当于大约 6 700 个充电桩的投资规模,这与初始预估的 10 000 个充电桩相比,供给总量显著缩减。若服务费进一步降至 0.2 元/千瓦时,则所能支撑的社会投资额将减少至 2.67 亿元,大约对应 4 500 个充电桩的投资,进一步压缩了投资空间。

在太原市实施的峰谷平电价机制影响下,晚间时段,尽管部署了 4 500 个充电桩,但仍难以充分满足 8 300 辆电动汽车在高峰时段的同步需求。面对此情境,需求侧可能采取两种策略:一是通过提高价格以激励增加供应量;二是调整充电时间,以分散高峰时段的充电压力,确保充电桩在单位时间内的供应量能够匹配实际需求。目前,太原地区的 40 千瓦交流充电桩总量据报告已达到 5 800 个,这一数字在实际应用中存在一定的冗余与挑战。鉴于出租车司机的成本考量,其对于充电费用的敏感度较高,预计可接受的价格区间在/千瓦时 0.2 元至 0.3 元之间,且更趋向于选择接近 0.2 元/千瓦时的低价位。这一市场偏好可能引发激烈竞争,导致多余的 1 300 个充电桩(即 5 800−4 500)在价格竞争中逐渐被淘汰。

第三节　充电设施的波特五力

波特五力模型作为一种用于深入剖析竞争环境的工具,能够系统性地评估我们当前所处的竞争格局及潜在威胁。此模型聚焦于行业的盈利潜力与波动性,通过静态分析揭示行业内企业普遍面临的的盈利空间范畴,因而本质上是一个针对行业趋势进行预判的模型,而非针对单一企业竞争力的判断标准。具体而言,波特五力模型涵盖了五大核心要素:一是供应商的议价能力,考量原材料或关键资源供应商在谈判中的优势地位;二是购买者的议价能力,分析消费者或客户在购买过程中的议价筹码;三是新进入者的威胁,评估潜在竞争者进入市场可能对现有竞争格局产生的影响;四是替代品的压力,审视市场上其他产品或服务对本行业产品的替代程度;五是行业内现有竞争者之间的竞争,包括市场份额争夺、价格战等策略性对抗。

以下,我们就充电设施领域应用这一模型进行简要阐述。

一、供应商的议价能力

供应商议价主要是指供应商通过调整要素价格或降低要素质量,进而对行业内的既有盈利能力与产品竞争力施加影响的行为。供应商议价能力的强弱,主要取决于其向买方提供的要素性质。若供应商所提供的要素价格或质量构成了买方需求的关键因素且对买方具有显著影响,则供应商对买方的潜在议价能力将显著增强。

从充电设施的实际部署情况来看,运营商的供应链涵盖了场地提供者、电源供应方以及相关的设备设施供应商。在设备设施类供应商完成部署后,其议价能力通常趋于稳定,除非涉及软硬件更新(需注意的是,部分运营商采用自主生产的设备,因此不受此类软硬件更新的直接影响)。鉴于充电服务对场地的长期依赖,以及电源点(无论是否拥有自主产权)同样需依托特定场地,场地供应商作为充电服务运营商的重度依赖对象,在市场竞争中往往具备较高的议价潜力。此外,供应商的议价能力还体现在其可能直接参与市场竞争,即上述提及的场地提供者和电源供应方均存在转型为直接竞争对手的可能性。

二、购买者的议价能力

购买者主要通过其议价能力以及对高质量产品或服务的需求,对行业内现有企业的盈利能力产生显著影响。这种议价能力的影响主要源于以下几个因素：一是购买者数量相对较少，但每位购买者的购买量较大，占据了卖方销售量的很大比例；二是卖方行业由众多规模较小的企业构成，这增加了购买者在谈判中的优势；三是购买者所购买的产品多为标准化产品，且具备从多个供应商处采购的经济性，这进一步增强了其议价能力；四是购买者者具备整合卖方资源的能力，而卖方则难以整合买方资源，这种不对称性也强化了购买者的议价地位。

在探讨平台类企业的战略考量时，我们不难发现，无论是否直接拥有车辆资源，此类企业均致力于聚合车主力量，形成强大的买方联盟，以此为基础与供方商展开更具优势性的谈判。这一现象在互联网行业中早有先例，如团购模式的兴起便为美团等企业在提升购买者议价能力方面积累了丰富的实践经验。具体而言，当车主群体呈现分散状态时，单一车主往往难以具备有效的议价能力。然而，通过平台化的整合，这些分散的车主能够汇聚成一股不可忽视的力量，对供应商构成显著的压力。这也是众多车企倾向于将车主纳入同一平台入口的深层原因。同时，诸如滴滴、曹操等平台亦不愿看到车主行为过度个体化，因为这可能削弱其整体的议价能力和市场竞争力。

此外，购买者的议价能力还体现在其直接参与市场竞争的能力上。具体而言，大型买家不仅具备强大的议价能力，还保留着直接进入市场竞争的可能性。这种双重优势使得它们在行业内的地位更加稳固，也为未来的市场格局带来了更多的不确定性。

三、新进入者的威胁

新进入者在给行业带来新生产能力、新资源的同时，都希望在已被现有企业占据的市场中赢得一席之地。这一行为可能会引发与现有企业在原材料与市场份额方面的竞争，进而可能削弱现有企业的盈利能力，甚至可能危胁到这些企业的存续。竞争性进入威胁的严重程度取决于两方面的因素：一是进入新领域的障碍大小，二是现有企业对进入者所做出的反应。

进入障碍主要包括规模经济、产品差异化、资本需求、转换成本、销售渠道开拓、政府政策与行为、不受规模支配的成本劣势、自然资源以及地理环境等多个方面。其中,有些障碍难以通过简单的复制或仿造来克服。充电设施具有较强的资源属性,常展现出明显的局部竞争阻碍特征。现有企业对于潜在进入者的反应及其采取行动的可能性,取决于企业财力状况、过往行动记录、固定资产规模以及行业增长速度等因素。

总体而言,新企业能否成功进入某一行业,关键在于其主观评估中,进入市场所能带来的潜在利益、所需投入的成本以及所要承担的风险三者之间的相对关系。然而,通常情况下,新进入者往往展现出较高的盲目性或乐观高预期。

以某地区为例,A公司充电站投入使用后不久,B公司的某充电站点也投入运营。该站点利用峰谷平电价策略,加之以微薄的利润优势,对A公司定价为0.75元/千瓦时的小型充电站构成了显著的市场压力。在该地区市场,A公司属于新进入竞争者,应预见并准备应对可能遭遇的市场挑战。

在传统商业领域,市场打击的形式往往复杂多变,其激烈程度可能超乎寻常预期。竞争对手可能采取较为隐蔽或激进的手段,其最终目标或旨在将对手彻底挤出市场,以确立其独占性的市场地位,而非仅限于常规的商业竞争范畴。诚然,理想中的市场竞争应秉持公平与纯粹的原则,但现实商业环境往往更为复杂多变,需保持高度警惕与理性应对。

四、替代品的压力

两个处于同一或不同行业的企业,若其产品之间存在替代关系,则可能引发它们之间的竞争行为。这种由替代品由的竞争,会以多种形式影响行业中现有企业的竞争战略。

替代品的价格优势、质量提升以及用户转换成本的降低,均会加剧其带来的竞争压力。为量化这种竞争压力的强度,可深入分析替代品销售增长率、生产企业的产能扩展及盈利增长情况。

就充电基础设施而言,其替代品竞争主要来自无线充电、换电技术及其他新型能源形式。然而,从物理形态上看,无线充电和换电方式在电能获取上仍受限于特定场地和电源点。相比之下,虽然氢能等新型能源方式在一定程度上减少了对电源点的直接依赖(尽管制氢过程可能仍需要电力支持),但其应用仍离不开场地条件。因此,在评估替代品竞争时,需综合考虑其技术特点、市场接受度及实际应用限制。

从能源流动的角度看,能源在管道中的流通速度、单位面积上的产出效能,以及单位面积所需的设备投入量等,构成了第一节所述生产力的根本要素。生产关系变革与否,关键在于是否能形成更强大的新型生产力。一旦形成了新型、更为强大的生产力,包括头部公司在内的能源供应主体,均将积极寻求转型路径,以适应并引领这一变革。

五、现有竞争者之间的竞争

在多数行业中,企业间的利益紧密相连,各企业的竞争战略作为整体战略的关键组成部分,其核心目的在于获取相较于竞争对手的竞争优势。因此,在实施过程中,冲突与对抗的产生难以避免,这些冲突与对抗构成了现有企业间竞争的显著特征。这种竞争通常体现在价格策略、广告宣传、产品推介及售后服务等方面,且其竞争强度受诸多因素的共同影响。

一般来说,当行业内出现以下情况时,表明现有企业之间的竞争加剧,行业进入障碍较低:势均力敌的竞争对手较多,且竞争参与者范围广泛;市场逐渐成熟,产品需求增长放缓;竞争者倾向于采取降价等促销手段以争夺市场份额;竞争者提供的产品或服务高度同质化,导致用户转换成本很低;行业内任何一项战略行动若获成功,其潜在收益均相当可观;外部实力雄厚的企业可能通过收购行业内实力薄弱企业,并以此为跳板发起进攻性行动,使得这些新加入的企业迅速成为市场的主要竞争者。此外,较高的退出障碍也是加剧竞争的重要因素,即企业退出市场的成本高于继续参与竞争的成本。这些退出障碍主要受到经济、战略、情感以及社会政治关系等多方面因素的制约,具体包括但不限于资产的专用性、退出的固定成本负担、战略上的相互依赖与牵制、情感上的难以接受,以及来自政府和社会的各种限制条件。

第四节 基础设施与市场的关系

基础设施项目可细分为经营性、准经营性和非经营性三类，此分类基于项目的盈利水平划分。具体而言，盈利水平较高的项目更易于实现市场化运作，而盈利水平较低的项目则更可能被视为政府公益项目。若项目无法满足社会平均利润率的要求，资本通常不会选择进入。

在经营性基础设施项目中，如高速公路、燃气等，由于项目自身现金流充足，能够实现盈利，因此项目融资和市场化进程相对简单和容易。然而，对于准经营性基础设施项目和非经营性基础设施项目而言，由于项目公益性较强，即便设有收费机制，其价格水平也往往较低，进而可能导致项目盈利性差甚至无法盈利。特别是非经营性基础设施项目，如市区道路建设等，更是缺乏收费机制和现金流入。

有人曾提出一种观点，认为充电基础设施在本质上或不应被界定为经营性基础设施。因为用户在家充电时无需支付服务费，而若公共充电设施收取收服务费，则可能抑制用户对公共充电设施的需求，进而影响收益预期。为此，理想的解决方案是无论用户选择在哪里充电，费用均保持一致，以实现最大便利。基于上述假设，充电基础设施被类比为城市公路，即先期投资建设，而后供用户免费使用。然而，鉴于过去燃油车需缴纳养路费的情况，有人提出应向新能源车辆征收类似的特殊费用，以补偿政府在公共充电设施建设上的投入。当然，这只是一种假设，但它既反映了人们对充电设施作为基础设施的宏观构思，也体现了人们对商业模式的思考。

充电设施作为新能源汽车发展的前置性条件，已经得到广泛认可。早期的充电基础设施有两个显著特征：一是经营收益微薄，出于公共利益考虑，终端价格由政府调控，致使经营收入较低难以覆盖成本，难以达成收支平衡；二是项目投资巨大，对资金要求极高。借鉴国内非经营基础设施项目市场化运作的实践来看，针对充电设施构建可持续的商业模式，通常采取的策略包括：通过政府补贴来增加收入来源，以缓解经营压力；降低初期投资成本，特别是与运营直接相关的部分，以减轻资金压力；合理配置盈利资源，通过多元化经营或跨界合作等方式，提升项目整体盈利能力。

具体而言，第一种策略，政府购买服务后补贴，通过"影子价格"实现合理收益。以污水项目为例，若仅依赖终端用户付费，该项目将长期处于亏损状态，难以实现市场化运作。在此情境下，通用的模式是通过市场化手段引入社会资本，负责项目的投资、建设和运营。政府则作为购买方，统一采购污水处理服务，并与投资人进行费用结算。政府依据运营成本及合理利润水平，确定购买服务的结算价格（即"影子价格"），以此保障社会资本的合理收益。对于"影子价格"与实际征收的污水处理费之间的差额，政府将通过财政补贴（即可行性缺口补贴）的方式予以弥补。目前，垃圾处理、污泥处置等项目普遍采用这一模式。

第二种策略，政府给予补贴，降低可经营部分的初期投资。以轨道交通项目为例，此类项目因投资额巨大且伴随效益外溢（即非直接经济效益惠及他人），导致项目收支不平衡。参考某市地铁4号线的投资建设案例，依据当时的票价水平，需长达30年才能回收投资的30%。为此，政府采取了创新性的策略，将项目分为A、B两部分：A部分主要涉及土建工程（如洞体建设）的投资，由政府负责承担；B部分则涵盖车辆、机电设备等与项目运营关联度较高的投资，由社会资本等负责投建，并通过租赁A部分资产的方式，负责整体项目的运营，从而实现了项目的市场化运作。当前，各地政府纷纷通过补贴方式降低社会投资者的初期投入成本，关于未来是否可能效仿此模式，即地方政府先期投资配电资产，再由运营商后续投入运营资产，不无可能。

第三种策略，捆绑优质项目或配备资源。在构建商业模式的过程中，一种常见且有效的方法是将非营利性项目与经营性项目的建设或运营捆绑起来"搭售"。例如，污水处理厂建设-运营-移交（Build-Operate-Transfer，BOT）项目捆绑配套管网的投资和运行；或者采用配备资源的方式，即将市政道路、公园等无收入的基础设施项目与周边关联地块进行捆绑开发,利用周边土地产生的收益来投资或补贴基础设施项目。这种方式类似于开发商在开发小区的同时需要修路和造公园,以满足住房和城乡建设部门对新建小区配建基础设施的要求。同样地,一些城市已经开始尝试将盈利性较强的公交项目与城市公共充电设施进行"搭售",以探索新的解决方案。

第四种策略,部分环节的市场化运作。出于提高投资控制水平或降低运行成本的考虑,基础设施项目可针对投资建设或运行管理等特定环节,独立实施市场化改革。以机场项目为例,政府首先依据BT(建设-移交)或EPC(设计-采购-施工)等多元化模式,完成设计、投资及建设等前期工作。随后,政府通过引入专业的服务公司,采用包括承包、出租、收益分享等在内的多种合作模式,实现运营环节的有效市场化运作。此举旨在优化资源配置,提升项目整体效能。

第二章

充换电领域相关的基本概念

电动汽车充电基础设施是专为电动汽车提供电能的相关设施总称，涵盖充电桩、充电堆、充电端子等充电设备，以及升降、悬挂、引导手臂等自动化操作装置，同时配备供电系统、照明系统、安防系统等辅助设施。基于其规模、布局特点、功能及服务对象的差异，这些设施可被细分为多种类型。本书中所指的充电基础设施，主要指固定安装式传导充电设施。

第一节 充电基础设施分类及构成

当前，电动汽车电能的供给方式主要分为整车充电和电池更换两种。其中，对于整车充电，市场已普遍将充电时间划分为慢充、快充和超级快充三种模式，以满足不同消费者的需求。快慢是一种相对概念，从专业角度出发，应该尽量避免使用"快"与"慢"这类相对模糊且易引发歧义的词汇，而是应该使用更为准确的表述方式。

根据充电设备与电动汽车的不同连接形式，充电技术被划分为传导充电和非传导充电两大类别。非传导充电，主要指感应充电，是以电磁场作为介质实现电能传递的供应方式。考虑到"无线充电"这一表述更为通俗易懂，本书后续表述中将统一采用"无线充电"这一表述。传导充电，其典型特征是通过导电介质直接传输电能，此过程涉及连接和断开两个必要步骤，主要分为连接器充电和充电弓充电两种形式。此外，根据服务模式的不同,充电方式又可划分为无人值守自助充电、无人值守机器人充电和有人值守三种类型。

有一种观点认为,将机器人充电视为一种充电方式并不准确,而应将其定位为一种辅助功能。从能源传输的角度来看,传输方式主要分为接触式与非接触式两种。在这两种传输条件下,都可以使用机器人来简化人的操作,作为充电过程中的一种补充。无论采取何种能源传输方式,确保能源来源、传输通路以及控制手段的完备性均至关重要。鉴于人类天性中普遍存在的懒惰倾向,机器人辅助充电技术无疑具有广阔的发展前景和潜在的市场价值。

第二节　按照站点规模和布局特点划分

根据站点规模和布局特点的不同,充电基础设施可以分为集中式充电站和分散式充电桩(群)两种类型。

1. 集中式充电站

集中式充电站是指规模较大、充电装置较多、提供专业化充电服务的设施,包括为公交车、出租车等特定客户群体服务的专用充电站和面向公众开放的公共充电站等。一般集中式充电站需配备专业运维团队,并安装高标准的供电、监控、保护等设备。以北京某停车场为例,国家电网承包了地下三层部分车位,每层均装备 5 台 630 kVA 的变压器及 50 个千瓦级直流充电桩,此即典型的大型集中式充电站。由于充电时间的限制,当前集中式充电站正积极探索多元化服务模式,如增设棋牌室、洗车服务、快餐区、零售店铺、按摩椅体验区及电视休闲区等。随着充电技术的不断进步与充电功率的持续提升,集中式充电站不仅需面对设施升级的挑战,其服务模式也将有望迎来全新变革。

2. 分散式充电桩(群)

分散式充电桩(群)是指分散布置在居民小区、办公园区、商业楼宇、景区停车场等区域的充电设施,主要为普通私人用户、个体运营车辆、公务车用户等提供充电服务，也可以为出租车、环卫车、物流车等用户提供辅助性充电支持。例如，星星充电作为国内最早提出"三模式一平台"的运营商，通过整合同一个平台资源，构建覆盖居住地、工作地、目的地的充电网络，细化了对私人用户的充电服务需求。由于电源条件的限制和服务方式的差异，此类充电桩往往兼具停车与充电双重功能，但停车属性更为显著。因此，充电桩的配置通常采用快慢结合、远程控制的方式，无须专业服务人员值守。业内一般约定，装机容量达到或超过 360 kW 的设施可以称为站，而低于此标准的则归类为充电桩（群）。

第三节 按照站点功能和服务对象划分

根据站点功能和服务对象的差异性，充电基础设施可以分为三类：专用充电基础设施、公共充电基础设施和混合型充电基础设施。

（一）专用充电基础设施

专用充电基础设施是指为单一用户专门建设的充电设施，一般只为业主等特定用户提供服务。专用设施，包括集中式专用充电站和专用充电桩（群）。例如，在公交车、出租车场站建设的公交车、出租车充电站，一般都是集中式充电站，但管理方出于安全考虑，通常不对外开放使用，因而呈现出专用特点。此外，在园区、学校、政府大院、物流分拨点等区域，为职工建设的充电桩（群），若实施严格的出入管理，限制非特定车辆进入或需要登记进入，同样被视为专用充电基础设施。另外，私人用户在自有停车位上安装的非开放型充电桩，也属于专用充电基础设施。

（二）公共充电基础设施

公共充电基础设施是指在公共场所为非特定用户提供充电服务的设施，面向普通公众服务。公共充电基础设施，包括集中式设施和分散式设施。集中式设施的典型代表是城市中的公共充电站和高速公路服务区的充电站,分散式设施的典型代表是城市中公共场所设置的分散式充电桩等。从当前的业务形态来看,大多数公共充电设施由专业化的运营公司持有并运营,类似于连锁店,同时也有部分设施由私营业主投资运营。然而,不论其运营模式如何,这些设施均以盈利为目的开展经营工作,并不是传统意义上的城市公共基础设施。

(三) 混合型充电基础设施

除了上述两类设施以外,仍然会存在一些设施,在一定程度上能够满足内部需求,同时具备对外开放的可能。针对客户需求,内部用户通常享受优惠价格或者免收服务费,有些甚至完全免费,而对外则执行市场价格,例如有些厂区、园区或高校的停车场等。

第四节 充电桩类型

向电动汽车提供电能的设备主要包括交流充电桩、车载充电机、非车载充电机等。除车载充电机是直接安装在电动汽车内部外,交流充电桩与非车载充电机均设置于电动汽车外部,这两类设备统称为充电桩。

(一) 交流充电桩

交流充电桩,又称交流供电装置,其固定在地面,通过传导方式为搭载车载充电机的电动汽车提供交流电能。该装置不仅提供人机操作界面与交流充电接口,还具备相应的测控保护功能,以确保充电过程的安全与稳定。其功率通常不超过 7 kW(220 V 32 A)。随着电子元器件技术的发展,车载充电机的散热性能不断提升,体积越做越小,展现出明显的小型化、大功率化发展趋势。在欧洲地区,由于家庭用户接入三相工业电相对容易,已出现了额定电流分别为 16 A 和 32 A 的三相交流充电桩,对应的额定功率为 11 kW 和 22 kW。

在我国，比亚迪公司率先引入了大电流交流充电策略，并在2015版国国家标准中增加了63 A的额定电流值。在欧洲市场，这一规格被标记为43 kW交流充电桩，而在中国市场，则相应地被称为40 kW交流充电桩。据资料显示，我国自主研发的车载充电机的功率已可达37.5 kW。

（二）非车载充电机

非车载充电机指采用传导方式将电网的交流电能转换为直流电能，为电动汽车的动力电池充电，并提供人机操作界面及直流接口，且具备相应的通信、测控及保护功能的专用装置。非车载充电机主要由交直流变换和直流输出控制两部分构成，分为一体式和分体式两种。其中，在一体式非车载充电机进一步细化为交直流一体机和配备多个标准的接口的机型，例如，在欧洲，许多充电桩同时兼容CHAdeMO和CCS标准。由于欧洲已率先实现了车载连接与非车载连接端口的整合，推出了CCS充电系统，中国市场也引发了关于是否应整合端口或取消车载充电机交流接口，转而采用单一的非车载充电直流口的广泛讨论。此外，非车载充电机的产品线也出现了不同交流电源接入的产品，如220 V和380 V，未来还可能会引入+/−375 V的柔直换流接入技术。

（三）车载充电机

车载充电机（On-Board Charger，OBC）是一种将交流电源转换成直流电源的设备。由于所有电池都需要使用直流电进行充电，OBC的核心功能是整流电源输入，并将充电站的交流电压转换成适合电池所需的直流充电电压（可能是400 V电压，也可能未来会有越来越多的800 V电压）。

OBC被安装在电动汽车和插电式混合动力电动汽车中。可以利用来自住宅或公共充电站的交流电为这些车辆充电。OBC的输出功率主要在3.6～22 kW之间。车载充电机的另外一个优势在于可以利用家中的电源插座为电动汽车充电。

车载充电器主要有两种类型：单相和三相。标准单相车载充电器的充电功率一般为 7.2～11 kW，三相车载充电器的充电功率一般为 22 kW。

第五节　充电站构成

充电站，作为电动汽车的重要配套设施，主要由多辆非车载充电机和（或）交流充电桩组成，其占地面积较大。该设施采用快充、慢充等多种方式为电动汽车提供电能。同时，在充电过程中，充电站还能对充电机及动力蓄电池进行状态监控，确保充电过程的安全与稳定。

充电站的一般结构如图 2-1 所示，主要包括供电系统、充电系统、监控系统及相应的配套设施。对于大中型充电站的建设，通常采用配电变压器，并可能采用两路电源（双回路）供电；小型充电站，通常采用单路低压电源供电，无需额外安装配电变压器，直接从电源点取电。此外，充电设备在电气接口、通信协议及电气连接件等方面，均严格遵循相关技术标准要求，以确保充电过程的兼容性与安全性。

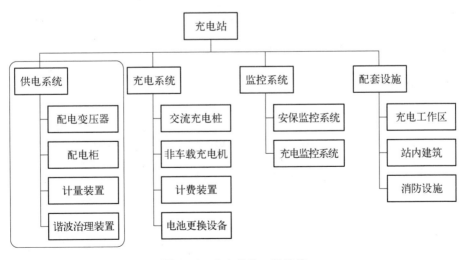

图 2-1　充电站的一般结构

一、供电系统

(一) 定义

供电系统是为充电站运行提供电源的电力设备及配电线路的总称。

(二) 功能

供电系统的主要功能是为电动汽车充电站的动力设备、监控系统和办公场所等提供交流电源。供电系统不仅提供充电所需的电能,也是整个充电站正常运行的基础。

(三) 配置要求

供电系统主要包括配电变压器、高低压配电装置、计量装置、无功补偿装置和谐波治理装置。若电力级别为二级负荷,则采用双路供电,不配置后备电源,该系统符合常规配电装置,其输出为 $0.4\ kV(50\ Hz)$。

(四) 备注

二级负荷指中断供电将造成较大政治影响和经济损失,以及将造成公共场所秩序混乱的电力负荷。二级负荷多采用两路电源供电。在负荷较小或地区供电条件困难时,可由一路 $6\ kV$ 或更高电压等级的专用架空线路供电,其中 $10\ kV$ 是常见电压等级。

二、充电系统

(一) 定义

充电系统由充电站内的所有充电桩、充电电缆及相关附件构成,是实现电动汽车及蓄电池安全充电的系统。

(二) 功能

充电系统是整个充电站的核心部分,为电动汽车的动力电池充电提供符合技术要求的电源。

(三) 配置要求

充电系统应能满足多种形式的充电需求,提供安全、快捷的能量补给服务,其主要组成部分包括交流充电桩、非车载充电机、计费装置等。换电系统还涉及电池更换的自动化设备,例如,蔚来汽车在星星充电的充电站借用供电系统和车位配置换电舱。

三、监控系统

(一) 定义

监控系统是对充电站的供电状况、充电设备运行状态、环境监视及报警等信息进行采集,应用计算机及网络通信技术,实现站内设备的监视、控制和管理的系统。

(二) 功能

监控系统是充电站安全、高效运行的保证,可实现对充电站全面的监控、调度和管理,主要包括配电监控系统、充电监控系统、烟雾传感器、热成像技术以及与人群动态相关的视频安保监视系统等。

四、配套设施

配套设施主要包括充电工作区、车位管理装置、站内建筑物(如洗车房)、消防设施以及客户休息服务设施等。在商业模式层面,社会上有不少投资者正在寻找配套场所,他们可以免费提供例如计时按摩椅、自动售货机、游戏机等设施,采用分成模式与场所方共享部分收益。

第六节 充电基础设施的关键技术

就目前我国充电技术与设备情况看,交直流充电机、双向充放电机、电池快速更换系统等设备已实现国产化。同时,超级快充技术和无线充电技术已开展试点运营。充电基础设施在监控、计量、计费及保护等方面的技术日趋成熟,其信息化和自动化水平不断提高。此外,充电基础设施与新能源技术的结合、与智能电网的互动以及与智能交通等技术的融合也已逐步开展。

一、控制系统技术

电动汽车充电桩的主要功能包括数据采集、电量监测、充电控制、计价结算、数据传送、参数设置、显示和操作以及广告宣传等多个方面。要实现这些功能,离不开电动汽车充电桩控制系统。控制系统是保证充电桩安全有效运行的核心。

电动汽车充电桩控制系统硬件设计,包括主充电电路单元、主控制电路单元、计费单元、人机交互单元和其他辅助功能单元。为实现智能充电功能,保证计量准确,未来将多采用工业级微处理器作为核心控制单元,其具有串口、USB接口、以太网接口、多路输入输出接口等多种信道方式,支持微操作系统甚至大型操作系统。电动汽车充电桩控制系统的功能主要包括用户信息交互、电能计量计费控制、经营管理与分析等。

机器人充电更需要强大的控制系统技术,与车完成交互与匹配、自动打开充电接口盖、机械手臂寻找充电接口、完成连接动作并启动充电等动作,都需要充电机器人与车辆、操作人员完成各种交互。运用复杂的控制系统技术,可以有效减轻人的劳动强度,并显著提升用户的使用体验。

二、开关电源技术

根据电池的充电特性和电动汽车动力电池组的充电要求,常用的非车载充电设备主要分为直流充电机和脉冲充电机两类。直流充电机就是把电网电源通过整流滤波处理后,进行隔离稳压,最终输出直流电源供动力电池组充电使用。脉冲充电机利用脉冲电流来降低电池在充电过程中出现的极化现象,从而延长电机的使用寿命,并且有可能提升电池的充电效率,缩短充电时间,实现快速充电。不过,脉冲充电技术目前尚不够成熟,有待进一步研究。

在直流充电机中,最重要的单元是开关电源,亦称为电源模块。实际上准确地讲,不能称之为模块,因为这个概念太模糊。开关电源是一种利用现代电力电子技术来控制开关管的导通与关断时间比率,以维持稳定输出电压的一种电源装置。通常情况下,开关电源采用高频开关技术,由于开关管高频工作,功率损耗小,因而开关电源具有较高的效率。

目前市场上已推出的电动汽车充电机使用的开关电源,根据其整流方式,主要分为两类。一类是传统的开关电源式充电机,这类设备通常采用不可控或者半控器件,如晶闸管,来进行整流。随后,通过有高频变压器隔离的DC/DC变换器给电池充电。其特点是电网侧电流谐波大(30%左右)、变换效率低。尽管它们能够提供较为稳定的直流电压,但同时也会对电网造成一定干扰。由于成本较低,这类充电机在低端市场中占据主流地位,它们向电网注入了大量无功功率和谐波电流。另一类广泛使用的直流充电机是基于脉宽调制技术的高频开关电源充电机。这种充电机具有体积小、重量轻、运行稳定、效率高、功率因数高、电网适应能力强、功率范围可调以及容易实现智能化等优点。其开关管一般采用PWM(脉宽调制)控制方式,稳压稳流特性佳。其功率因数高,电网侧电流谐波较小,能够将注入电网的电流总畸变率控制在5%以下。

开关电源的主要技术指标涵盖以下几点:

(1) 输出电压误差:输出电压的相对静态误差不应超过±0.5%。

(2) 输出电流误差:当充电机设定的输出电流不小于30 A时,输出电流的整定误差不应超过±1%;当充电机设定的输出电流小于30 A时,输出电流的整定误差不应超过±0.3 A。

(3) 稳压精度:稳压精度不应超过±0.5%。

(4) 稳流精度:稳流精度不应超过±1%。

(5) 纹波系数:进行纹波系数测试时,使用的示波器应具备至少20 MHz的频带宽度和0.5 s/DIV的水平扫描速度。输出纹波的有效值系数不应超过±0.5%,纹波峰值系数不应超过±1%。

(6) 效率:当充电机输出功率为额定功率的50%~100%时,效率不应低于90%。

(7) 功率因数:当充电机输出功率为额定功率的50%~100%时,功率因数不应小于0.9。

（8）均流不平衡度：在同时运行不少于3台高频开关电源模块的试验中，均流不平衡度不应超过±5％。

电动汽车的充电机技术已经相对成熟，这主要得益于目前广泛使用的大功率高频开关电源。客观上讲，常规动力电池充电机的制造并非电动汽车发展的限制因素。目前，我国生产的充电机充电效率能够达到92％以上，输入电流的谐波畸变率可以控制在5％以下。这些技术指标为电动汽车的效率和电能质量提供了坚实的支持。

鉴于开关电源在直流充电桩成本中占有较大比重，并且是充电过程中发挥主要作用的零部件，我们必须考虑直流充电桩的输出电压范围、电流范围以及恒功率段等因素，确保其与车辆的适配。同时，还需关注开关电源的故障率和充电效率等运营成本相关问题。因此，具备低成本、高性能和强覆盖的开关电源，将成为技术层面的竞争优势。

三、谐波治理技术

电动汽车充电机属于大型电力设备，利用开关动作对电能进行转换，不可避免会导致波形畸变，产生无功电流和谐波电流，从而对电力设备及其用户和通信线路造成不利影响。因此，在大规模电动汽车接入电网的情况下，如何处理电动汽车充电机产生的谐波问题，确保供电质量和系统稳定性，已成为一个亟待解决的重要课题。

传统的谐波补偿装置采用的是LC无源滤波器，这种设备既可以补偿谐波，又可以补偿无功功率。无源滤波器因其投资成本低、效率高、结构简单、运行稳定及维护方便等优点，已成为当前广泛采用的抑制谐波及无功补偿手段。

然而，由于无源滤波存在诸多缺点，随着电力电子技术的不断发展，电力滤波技术的研究重心已逐渐转向有源滤波器上。早在20世纪70年代初期，日本学者就提出了电力有源滤波器的概念。自20世纪80年代起，随着大中功率全控型半导体器件的成熟以及脉宽调制控制技术的进步，有源电力滤波器得以迅速发展。随着电力电子技术的不断发展，采用有源电力滤波器(Active Power Filter，APF)已成为抑制谐波的一个重要趋势。这种滤波器能对频率和幅值都变化的谐波进行跟踪补偿，因此备受关注，并已在日本等国获得广泛应用。除了直接滤波消除充电机谐波的方法外，还有多电平技术和多重化技术等诸多技术被引入电动汽车充电机中。

功率因数校正技术主要分为有源功率因数校正(Active Power Factor Correction，APFC)和无源功率因数校正(Power Factor Correction，PFC)。为了提高功率因数、降低输入电网谐波，采用 APFC 电路是一种从源头消除谐波的有效策略。PFC 的优点在于其结构简单、无须进行控制，缺点是体积较大，且功率因数仅能校正至 0.8 左右，谐波含量仅降低至 50% 左右，因此整体效果不甚理想。相比之下，APFC 开关电源可视为阻性负载，其功率因数可达 0.995，谐波含量可降低至 5% 以下，且动态性能好、可靠性较高。

经过测试验证，采取功率因数校正技术的充电机能够大幅降低电动汽车充电站产生的谐波电流，并降低系统的谐波电压，控制充电站的谐波电流和谐波电压不超过国家标准的限值，从而减少对其他用户的谐波干扰。这种充电机谐波小、功率因数高，不仅节省了滤波装置和无功补偿费用，而且还能缩减充电站占地面积，减少了设备维护成本，是充电站设备配置的发展方向。然而，装有功率因素校正电路的充电机会降低一些转换效率。

在以往的充电站投资中，我们遭遇了多起因无功补偿而产生的电网问题。因此，在进行电动汽车充电基础设施工程设计时，应根据实际情况，合理确定充电基础设施负荷等级，采取有效的技术措施来抑制和消除由非线性负荷产生的谐波电流，以提升配电网的供电质量，应运用科学的技术方法对充电基础设施进行优化，以确保电网设备的安全稳定运行。

四、软开关技术

"软开关"技术，亦称为零电压开关(Zero Voltage Switching，ZVS)或零电流开关(Zero Current Switching，ZCS)，其主要利用的是谐振原理。

该技术确保开关变换器中的开关器件的电流或电压按照正弦或准正弦的规律变化,当开关管电流自然过零时,使开关管关断;当开关管电压为零时,使开关管开通,从而实现开关零损耗。

软开关技术是功率变换器高频化的重要技术之一。采用谐振型软开关后,整流器中的电压和电流谐波含量降低。因此,在相同的功率等级和开关频率下,与传统整流器相比,谐振型整流器产生的谐波问题要小很多。此外,谐振型整流器可以提高充电机的功率等级、充电效率、可靠性和其他性能指标。目前,在电动汽车充电机中,软开关电路的实现大多集成了零电压(零电流)开关技术。

采用软开关技术的充电机模块能够显著降低开关损耗,提高从交流到直流的转换效率。目前,高频开关电源模块的转换效率为90%~93%。然而,当应用软开关技术时,充电机的效率可以提高至95%~98%。这一技术不仅解决了硬开关变换器中的硬开关损耗问题、容性开通问题、感性关断问题及二极管反向恢复问题,还能解决硬开关引起的电磁干扰等问题。此外,提高充电机效率对于节能降耗和降低运营成本同样具有重要意义。

五、均流技术

随着电动汽车和电池技术的发展,非车载充电机的功率也在不断提升。功率提升主要有两条途径:一是提高单台开关电源的功率;二是通过并联或串联的方式提高功率。然而,单纯提升单个模块的输出功率,不仅会削弱模块的稳定性和可靠性,还会降低其应对不同功率需求等级的灵活性,可靠性也会受损。

通过对比发现,并联是切实可行的。只要采取可靠的并联控制技术,就可以使并联开关电源稳定运行。然而,在多个开关电源的并联控制技术中,存在一个关键问题,即如何实现各个模块间的电流平均分配,如果无法保证各个并联开关电源间负载电流的平均分配,将会导致某些模块的输出电流较大,而其他模块输出电流较小甚至为零。这种并联模块不均流的情况可能会导致以下问题:

（1）输出电流较高的模块承受的电压和电流应力较大，由于各模块特性存在差异，可能会导致某些模块过载，某些模块轻载。过载模块热应力大，器件寿命变短，损坏的概率上升。

（2）系统在高负载工作时，过载模块的输出电流值可能会超过系统保护电路的电流保护阈值，触发系统的保护机制，从而导致整个系统无法正常工作。

在动态过程中，输出电流不平衡现象更加严重，导致系统无法稳定工作。

由于各个电源模块之间相对而言是独立的，在系统发生故障时，只需要找到相应的故障模块，进行更换或修理，其他电源模块不会受到影响，从而显著降低了修理和维护费用。模块化电源具有独立性和灵活多样性，其电源系统的功率可以根据模块的组合方式任意扩展。通过灵活多变的组合方式，可以实现模块化分布式电源产品的多样化，并且能很好地实现系统的冗余设计，从而提升整个电源系统的可靠性。均流技术可以保证各模块之间的电流应力和热应力均匀分配，防止一个或多个模块工作在电流极限状态，模块化便于扩容，可靠性高，维护费用低。

在模块化分布式电源系统中，模块间采用并联的方式衔接必不可少。为了实现系统的冗余设计，电源间的并联均流技术至关重要，其成果直接影响着电源系统的稳定性。因此，这项技术一直是电源技术研究的焦点，是充电机模块并联冗余运行的关键技术。均流性能一般用均流不平衡度指标来衡量，均流不平衡度越小，其均流效果越好。根据国家和电力行业有关标准，充电机的均流不平衡度应不超过 5%。

六、整站系统技术

上文提及的电力电子技术，特别是针对充电站，从 10 kV 甚至 35 kV 以上的开关站接入开始，计量电表作为分界点，其下游的所有相关设施与材料，包括充电桩，都是整站的构成部分。全线路的负载损耗以及电缆产生的损耗，均构成了整站的运营成本。因此，系统化地考量整站的技术配置，是关乎运营竞争力的重大问题。

从变压器性能优化到开关电源的创新，从待机电损的控制到线路分布的改善，系统创新可能带来革命性的改变。每降低1‰的系统损耗，在大规模运营中，都将显著降低运营成本。因此，从长期运营的角度来看，整站系统技术将成为经营者关心的热点问题，进而成为系统提供者开展技术竞争的主战场。

例如，保时捷与台达联合开发的多绕组变压器和大功率单电源系统，使得开关电源可以减少隔离单元，从而降低开关电源成本以及提升充电转化效率，这种创新是从系统角度考虑的。再比如，基于车辆到电网（V2G）技术的双向充放电系统，对变压器的性能有更高要求，对开关电源也有更高要求，否则向上变压能力不足，会制约 V2G 技术的发展等。可以预见，未来一定会有更多新的方案在充电设施领域发挥作用。

七、智能充电控制

电动汽车的充电行为具有随机性和间歇性，而且每台车能接受的充电功率不同，因此在充电设施的规划与建设上，既要考虑普遍适配性，也要考虑投资的经济效益。例如，社会车辆既有 180 kW 的充电功率，也有 10 kW 的充电功率，那么大规模投资 180 kW 的充电桩，对于仅需 10 kW 的车辆来说，将会造成浪费。目前的充电堆仅是智能充电控制的雏形，考虑电动汽车技术的技术，未来的智能充电控制的发展将不仅涉及技术路线，更多的是面临诸多商业问题的挑战。

以 300 kW 的充电堆为例，配置充电端口数量、各个端子的最大功率、功率切换的最小单位、多车同时充电的控制策略以及电压的适用范围等，都属于智能充电控制的范畴，也都要基于对市场的了解与预判。

在局部电网中，除了设施层面的智能控制外，还有更高层面的智能控制。2017 年下半年，国家电网发挥其自身资源优势，在苏州市选择某小区开展智能充电控制的试点项目"有序充电"。其意义在于，通过智能电表或类似装置，可以远程监测某个小区的电力负荷波动量 B，在确保主路变压器参数 A 安全的前提下，可用余量 $A-B$ 是一个动态变化的值，只要充电网络的总体功率控制在 $A-B$ 的有效范围内，就能更有效地利用小区的剩余电源并确保系统的安全稳定。

典型的用电峰谷示意图,如图 2-2 所示。

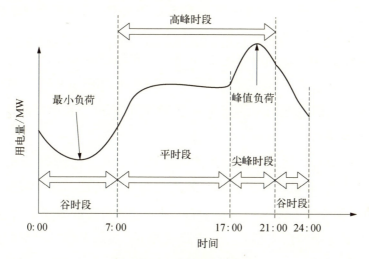

图 2-2 用电峰谷示意图

在全网层面,充电网、车联网与电网之间也可以实现友好互动和智能控制。例如,电网向充电网发送指令,充电网智能控制充电桩实现毫秒级的响应,从而降低充电桩的功率、切断充电桩供电,甚至可在与车辆通信后启动双向充电功能。此外,电网亦可向充电网发送指令,自动调控用电价格,以应对负荷过大或负荷过小等情况,进而使用电行为更加市场化。

第七节 风光储充技术

新能源发电可利用的资源丰富,污染较少,可以在一定程度上缓解电力供应的紧张情况及减轻环境保护压力。如果能将充电基础设施与新能源发电集成接入电力系统,将在一定程度上削弱新能源接入对电力系统造成的不利影响,降低充电基础设施带来的负荷增量,提高可再生能源的利用率,减少风能和太阳能发电的弃置现象。

由于太阳能、风能具有随机性、波动性和不可控性,在含光伏发电、风力发电的微电网或配电网系统中,需要配置一定容量的储能设备,这不仅投资大,而且很占地方。如果储能配置不足,可能无法满足系统发电和用电之间的实时动态平衡;如果储能配置过于充裕,将增加系统总投资成本,从而降低其经济性。

通常认为,电动汽车的旧电池可用于制作储能电池,但是由于只有电池企业才更了解其产品,而电池企业的主要任务是卖新电池,而不是回收旧电池再卖出旧电池制作的储能电池,因此电池梯级利用目前仍停留在小范围示范层面。

利用储能特性的新电池制作储能装置并不是一种创新,它已经在很多领域被使用,但是储存风能和光能广泛存在经济性问题和转换效率问题,仍然需要等待电池成本的进一步下降和循环寿命的进一步提升。

鉴于每辆电动汽车都有一块储能电池,特别是家用汽车平时行驶时间较短,有大量的空置时间可以参与电网运行,用于参与微电网或配电网功率实时动态平衡。如前所述,加上价格调控,可以更加市场化地促使电动汽车参与储存新能源发电的过剩电量,甚至参与削峰填谷。这也是国家发展新能源汽车的重要原因之一。

当前,由于电池成本与电池循环寿命的比值不足以产生额外的经济价值,也就是说牺牲电池的成本无法实现盈利,从经济角度考虑,把电动汽车电池当成储能电池用还不具备可行性。因此,该技术的真正实现尚需时日,但是作为技术储备,我们仍需提前做好准备,迎接它的到来。

第三章

国内市场现状分析

第一节 充换电设施行业迎来规模化快速发展阶段

一、国家政策——有序推进充换电基础设施建设

"十三五"期间,我国充电基础设施建设实现了跨越式发展。在充电技术、设施规模、标准体系以及产业生态等方面均取得显著成就:充电技术快速提升,标准体系逐步完善,产业生态稳步形成,建成了世界上数量最多、覆盖范围最广、服务车辆最全面的充电基础设施体系,为我国新能源汽车产业发展提供了有力支撑。

2022年1月,国家发展和改革委员会及相关部门联合发布了《关于进一步提升电动汽车充电基础设施服务保障能力的实施意见》(以下简称《实施意见》)。《实施意见》明确了充电基础设施的发展目标,立足于全面支持新能源汽车产业发展规划的实施,强化规划的引导作用,并提出省级和市级充电基础设施布局规划的编制要求,明确了城市公共区域、县城和乡镇、高速公路以及单位和园区内部等各类充电基础设施的建设要求,为后续加快形成适度超前、布局均衡、智能高效的充电基础设施体系提供了目标指引。《实施意见》的重点内容包括以下方面:

(1)加快推进居住社区充电设施的建设安装工作。完善居住社区充

电设施建设的推进机制,推进既有居住社区充电设施建设,严格落实新建居住社区配建要求,创新居住社区充电服务商业模式。

(2) 提升城乡地区充换电保障能力。建立健全规划工作机制,优化城市公共充电网络建设布局,进一步优化中心城区公共充电网络布局,加大外围城区公共充电设施建设力度,鼓励企业逐步提高快速充电桩占比。加强县城、乡镇充电网络布局,加快高速公路快速充电网络有效覆盖,提升单位和园区内部充电保障能力。

(3) 加强车辆与电网互动等新技术的研发应用。推进车网互动技术创新与试点示范项目,鼓励推广智能有序充电,加强充换电技术创新与标准支撑,加快换电模式的推广应用。

(4) 加强充电设施运维和网络服务。加强充电设备运维与充电秩序维护,完善充电设备运维体系。提升公共充电网络服务体验,加快推进充电运营企业平台互联互通,鼓励停车充电一体化,实现停车和充电数据信息互联互通等。

(5) 做好配套电网建设与供电服务。加强配套电网建设保障,加强配套供电服务和监管。

(6) 加强质量和安全监管。建立健全行业监管体系,建立"僵尸企业"和"僵尸桩"退出机制,支持优势企业兼并重组、做大做强,加速构建国家、省、市三级监管平台体系。

(7) 加大财政金融支持力度。优化财政支持政策,提高金融服务能力。加快构建国家、省、市三级监管平台体系,扩大监管平台覆盖城市范围,逐步建成纵向贯通、横向协同的国家、省、市三级充电设施监管平台体系,完善数据服务、安全监管、运行分析等功能,推进跨平台安全预警信息交换共享。加快充电设施监管平台与新能源汽车监测平台数据融合,探索构建车桩一体化监管体系。政府监管平台应保持立场公正,定期向公众发布本省充电基础设施的运行情况。

二、地方政策——建立适度超前的城市充电网络

作为全国新能源汽车及其充换电设施发展的重点试点城市,上海一

直走在发展前列。根据《国务院办公厅关于加快新能源汽车推广应用的指导意见》《国务院办公厅关于加快电动汽车充电基础设施建设的指导意见》等相关文件,并结合本市实际情况,上海陆续发布多项针对新能源汽车及其充换电设施的政策方针,使用财政资金奖励政策,不断完善规范全市充换电设施的建设及运营,从而打造良好的行业发展环境及充电条件。

(一)《扶持办法》

2022年9月,《上海市鼓励电动汽车充换电设施发展扶持办法》(沪发改规范〔2022〕12号)正式发布(以下简称《扶持办法》)。该办法依据国家发展和改革委员会等十部委于2022年初印发的《实施意见》中提出的要进一步提升我国电动汽车充电保障能力,到"十四五"规划期末,构建一个适度超前、布局均衡、智能高效的充电基础设施体系,能够满足超过2 000万辆电动汽车的充电需求。

上海围绕《实施意见》设计了与实际情况相适应的政策体系,并遵循五项基本原则:一是从均衡发展转向聚焦重点,重点聚焦小区和出租车充电难问题。二是从建设为主转向建设与管理并重,延续度电补贴和评级政策。三是从慢充为主转向快慢充并重,支持"慢改快"、高水平换电。四是从无序充电转向有序充电,支持智能充电桩、智能车网互动发展和平台互联互通。五是从企业为主转向全社会多方参与,明确充电设施配建责任落实、小区充电设施建设等工作要求。

《扶持办法》明确了目的地充电智能化和公共领域快充化是今后的主要方向,同时针对出租车等专用领域存在的阶段性换电需求,《扶持办法》亦给予了重点支持。相较于先前的政策,本办法新增3项设备补贴政策:一是"慢改快"示范改造项目,给予30%的设备补贴。二是高水平换电站示范项目,对于出租车等特定公共服务领域,将对通用型(即可实现跨车型或跨品牌服务)和非通用型换电站分别给予30%和15%设备补贴。三是智能车网互动示范项目,给予30%的设备补贴。同时,《扶持办法》还对智能桩改造进一步加大了补贴力度,将单桩补贴标准由200元提升至

300元。

《扶持办法》提出，自2023年起，出租车示范站将依据服务水平、使用效率等因素动态调整示范站年度名单，达不到三星级服务标准的，将取消出租车示范站资格。同时在原有示范小区基础上，定义了A类示范小区、B类示范小区的概念，并将"统建统营"模式纳入共享充电示范小区的支持范围，使其享受A类示范小区同等支持政策。

(二)《规划》

2022年10月，《上海市充(换)电设施"十四五"发展规划》(沪交发〔2022〕9号)正式发布(以下简称《规划》)。该规划提出了上海市总体发展目标，即至2025年，通过优化布局、技术迭代、服务升级、品质提升，为新能源车主提供一个更加安全、便捷、优质、高效的能源补给网络。届时，全市充换电网点将实现覆盖更加广泛、设施结构更加合理、城际网络更加完善、设备更加智能化和互联化。预计至2025年，在总体发展规模方面，全市将建成充电标准桩约60.5万个，以满足本市125万辆新能源汽车的充电需求，新能源车桩比保持在2∶1的水平。

主要推进措施从十个方面开展：一是加强规划引领，促进优先发展。二是积极推进小区充电设施建设。三是加强专用领域充电设施建设。四是完善公共网络优化设施结构，推进经营性快充网点建设。五是支持换电模式与多场景应用。六是强化运营管理，提升服务品质。七是构建有韧性的产业发展生态。八是鼓励新技术及商业模式创新。九是加强充电设施建设运营监管。十是探索充电网与电网协同发展。

在政策层面，国家主管部门统筹规划，加强顶层协同，为新能源产业以及充换电配套设施的发展营造了良好的行业发展环境。上海市也结合自身的发展需求和基础优势，发挥了先行先试作用，不断优化产业发展格局，积极推进新能源汽车、充换电基础设施产业的有序发展。

第二节　充换电设施运营企业发展现状分析

一、充换电行业发展现状

在政府政策的积极推动下,我国电动汽车的推广范围不断扩大,电动汽车销量逐年攀升。近年来,充电基础设施的建设速度也开始加快,并已形成一定规模。2011～2014年,是发展的第一阶段,在此期间,我国充电站的数量从253座增长至780座,充电桩的数量也从9352个增加至31000个。2015～2017年,是发展的第二阶段,其间民营企业大量涌入,截至2017年7月,充电设施促进联盟内成员单位总计上报的公共类充电桩180684个,联盟内成员整车企业总计上报私人类充电桩149011个,也就是说,仅联盟内成员上报充电桩总数已近33万个。

在第一阶段,我国开展电动汽车充电基础设施建设运营的企业主要有国家电网、南方电网和普天新能源有限责任公司(简称"普天新能源")。电网公司是建设充电基础设施的主要力量,普天新能源公司,传统能源服务商中石油、中石化,以及一些汽车、充电设备制造企业也不断加入。随着动力电池技术的发展,国内外电动汽车企业及充电基础设施运营商普遍将充电模式视为主流发展方向,而换电模式仅在公交、出租等特定领域得到有限应用。

在第二阶段,特来电、万马、云杉智慧、聚电、富电、安悦等企业崭露头角,其中不乏上市公司新涉足的新能源项目,星星充电也是在这一阶段发力的。此外,诸如西安城投、广州城投、厦门市政、云南公投、太原龙投等地方城市平台企业也开始涉足充电设施运营领域。由于普遍缺乏行业经验及面对市场的灵活性,地方平台企业倾向于寻找合作伙伴,合作主要涉及平台、设备和运营三个层面,充电基础设施的资产与运营逐渐出现了分离的合作模式。

在第三阶段,出现了平台协议及业务系统的进一步分化,硬件生产将更加标准化和独立化,形成类似电脑、安防系统、自动售货机等领域的硬件与软件剥离的局面。在第二阶段,众多充电桩生产企业搭建自己的平台和业务系统,但由于缺乏持续的迭代更新能力,这些平台和系统很快被淘汰,无法适应多场景的应用需求。那些功能强大、系统完善的平台和系统将取代那些过时的设施,但是硬件设备厂商并不会因此而消失,他们依然拥有设备制造能力、成本优势以及市场渠道等核心竞争力。

(一)国家电网

自 2006 年起,国家电网便在山东、杭州、上海等地开展电动汽车充电站的试点工作。至 2009 年 8 月,国网上海市电力公司投资建设的国内第一座具备商业运营功能的电动汽车充电站——上海漕溪电动汽车充电站顺利建成。国家电网以京津冀鲁、长三角等地区以及承担国家雾霾治理任务重、推广电动汽车力度大的示范城市为建设重点,截至 2017 年 6 月,国家电网已累计建成充电站 5 500 多座,充电桩 4.4 万个,几乎全部是直流充电桩。

根据国家电网最初的规划,至 2020 年,在其服务区域内建设公共快速充电站 6 100 座、充电桩 5.9 万个,为 368 万辆电动乘用车提供公共领域充电保障。至 2017 年年底,建成"六纵六横两环"高速公路快速充电网络,覆盖 16 个省份、121 个城市。高速公路快速充电站的平均间距不超过 50 千米,每站配备 4 台直流充电桩,单台最大功率 120 kW,符合国家标准的电动汽车都可以充电。

国家电网于 2015 年年底成立了国网电动汽车服务公司,之后从省公司调配资源,在全国各地成立了国网电动省级公司,专门从事新能源汽车相关业务。至 2017 年,国网电动汽车服务公司尝试了很多业务形态,包括新能源汽车销售,并在一些城市尝试开设门店,同时还开展了汽车保险业务和私人充电桩共享业务等。在充电业务方面,由于充电设施资产属于省电力公司,导致资产所有权与运营权出现剥离,因此充电设备统一接入 e 充电平台进行管理。由于早期设备不支持互联网技术,公司不得不面对大规模的设备改造工作。

(二) 南方电网公司

南方电网将深圳作为新能源汽车推广的重点城市进行战略部署，于2009年1月建成首批两座电动汽车充电站，即大运中心电动汽车充电站及和谐电动汽车充电站，合计134个充电桩，总电容量计达2 480 kVA。依据《南方电网公司"十三五"电动汽车充电基础设施发展规划》，2020年，南方电网在电动汽车充电基础设施方面的总投资规模超30亿元，建成集中式充电站674座，公共分散式充电桩2.5万个，广州和深圳城市核心区的公共充电基础设施服务半径不超过1千米，并同步加速推进网省两级电动汽车智能充电服务平台的建设。

南方电网旗下深圳供电局成立南方和顺电动汽车产业服务公司，该企业专注于新能源电动汽车及其相关产业服务领域。其业务范围涵盖充电桩的建设与运营、新能源汽车租赁服务，以及相关智能平台和终端建设运维等，计划投资6.6亿元，建设充电桩13 800个。

(三) 普天新能源有限责任公司

2009年，中国普天与中海油合资成立了普天海油新能源动力有限公司，专门运营电动汽车能源供给网络。之后，中国普天又成立了普天新能源有限责任公司，该公司于2011年在深圳建设、运营由57座充电站组成的新能源汽车充电智能管理网络，为第26届世界大学生夏季运动会的2011辆大运会新能源公交车和出租车提供充电和智能运营服务。

普天新能源，作为较早涉足电动汽车示范运营的企业，凭借其浓厚的市场化气息为充电设施行业培养并输送了大量人才，这些人才已成为很多公司的中流砥柱。但是由于公司仍然隶属于国有企业，2016年底业内曾有传言称普天新能源公司因持续亏损受国资委的审查，会在2017年终止公共领域的投资。然而，实际上2017年普天新能源并未如传闻所言停止投资，而是采取了更为审慎的投资策略。截至2017年年底，普天新能源在全国范围内建设运营的充电桩数量已达到近14 000个。

二、企业规模分布与主营设施概况

截至 2022 年 12 月,上海市持续运营的充换电设施建设与运营企业共计 280 家,2021 年实际运营充换电设施的运营商为 225 家,2022 年共新增 55 家充换电设施运营商。各规模运营商的分布情况,如图 3-1 所示。

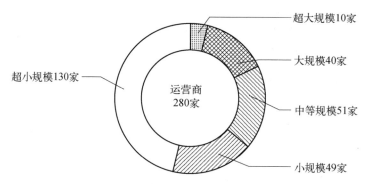

图 3-1 上海市各规模运营商分布

按照运营商所经营场站数量、充换电设施数量、充换电服务能力,运营企业可大致分为以下五类:

(1) 场站数量超 100 个,设施数量 1000 个左右的运营商,为超大规模运营商;

(2) 场站数量 50 个左右,设施数 500 个以上 1000 个以下的运营商,为大规模运营商;

(3) 场站数量 10 个左右,设施数 100 个左右的运营商,为中等规模运营商;

(4) 场站数量 5 个左右,设备数量不等的运营商,为小规模运营商;

(5) 场站数量 1~2 个,设备数量不等的运营商,为超小规模运营商。

在对运营商数量进行分析时,我们发现接近一半的运营商属于超小规模运营商,具体数量为 130 家,约占运营商总数的 46%。小规模、中等规模、大规模运营商在数量上差异较小,分别为 49 家、51 家和 40 家,在整体中所占的比例分别约为 18%、18% 和 14%。超大规模运营商数量相对较少，目前仅有 10 家运营商达到超大规模，占整体的 4%。

三、头部企业设施投建偏好研究

超大规模运营商的设施总量占比，如图 3-2 所示。虽然超大规模运营商数量只有 10 家，仅占全部运营商的 4%，但它们在上海市充换电设施的建设上占据了 65.85%的比重，具有较为明显的头部效应。因此，将这些超大规模运营商视为上海市充换电行业的龙头企业，具有一定的合理性。上海特来电、国网电动汽车、星星充电、安悦充电、上海一电、挚达公共配套、上海森通智达、蔚来能源、e 充电、泰那斯新能源等运营商，均为上海市充换电行业的头部运营商。

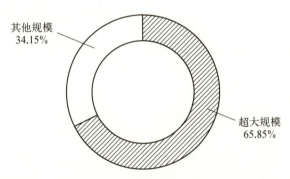

图 3-2　上海市超大规模运营商设施总量占比情况

头部企业的实际运营站点设施情况，见表 3-1。

表 3-1　上海市头部企业实际运营站点设施情况

超大规模运营商	站点数/座	设施数/个	直流设施/个	直流设施占比/%
上海特来电	1 000	15 933	6 724	42.20
国网电动汽车	800	9 942	7 235	72.77
星星充电	746	8 994	1 791	19.91
安悦充电	683	12 260	964	7.86
上海一电	196	2 913	501	17.20
上海森通智达	336	2 937	13	0.44
挚达公共配套	315	7 218	159	2.20

续表

超大规模运营商	站点数/座	设施数/个	直流设施/个	直流设施占比/%
蔚来能源	250	1 828	1 344	73.52
e充电	105	1 074	270	25.14
泰那斯新能源	83	540	540	100.00

在超大规模运营商中,直流设施建设的比例差异明显。其中,泰那斯新能源、蔚来能源以及国网电动汽车的直流设施占比均超过70%,特别是泰那斯新能源,其直流设备占比达到了100%。其次是上海特来电、e充电、星星充电和上海一电,其直流设施占比分别达到了42.20%、25.14%、19.91%和17.20%。相比之下,其他企业直流设施占比均不超过10%。由此可见,泰那斯新能源、蔚来能源和国网电动汽车的运营设施以直流设施为主,主要其他头部运营商运营则同时运营交流和直流设施,或以交流设施为主。

根据表3-1及图3-3和图3-4中的新建充换电场站数量和运营商新建充换电设施数量的分布情况,可以看出并非所有头部运营商均展现出一致的投建偏好。具体而言,安悦充电倾向于在其原有站点基础上扩

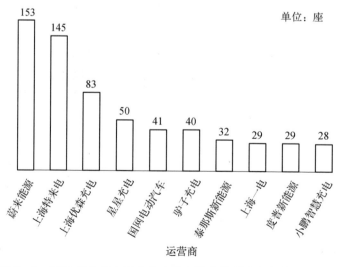

图3-3 2022年上海市排名前十的运营商的新建充换电场站数量

建,而特来电则倾向于投建新的场站。在 2022 年上海市新建充换电场站数量和新建设施数最多的 10 家运营商中,仅有约一半的企业属于行业内的龙头企业。

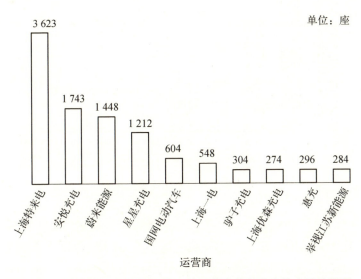

图 3-4　2022 年上海市排名前十的运营商的新建充换电设施数量

在了解了头部运营商新建场站的具体数量后,我们进一步分析了这些运营商在新建场站时的投建偏好。按照场站的充电枪口数量,可以将场站规模划分为以下五类:

(1) 场站满足枪口数量超 40 个的,为超大型场站;

(2) 场站满足枪口数量 21~40 个的,为大型场站;

(3) 场站满足枪口数量 11~20 个的,为中型场站;

(4) 场满足枪口数量 6~10 个的,为小型场站;

(5) 场站枪口数量小于等于 5 个的,为微型场站。

如图 3-5 所示,上海特来电,作为一家全国性的充换电设施建设与运营企业,在 2022 年期间新建了各类型、各规模的站点共计 145 座。其中,公用场站的数量达到了 138 座,占新建场站总数的 95%,有较为明显的公用场站投建倾向。在新建场站规模方面,分布相对均衡,各规模大小的场站均有涉及,其中中小型场站的数量最多,在其新投建的公用类场站中,中小型场站的数量明显高于其他规模的场站。

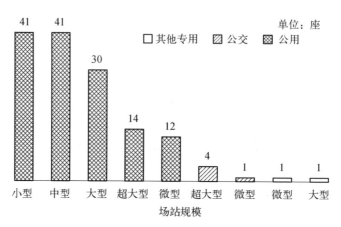

图 3‑5　2022 年上海特来电充换电站点建设情况

如图 3‑6 所示,2022 年蔚来能源新建各类型、各规模站点共计 153 座。其中,公用场站有 77 座,换电场站有 51 座,分别占新建场站总数的 50% 和 33%,这表明蔚来能源有较为明显的公用场站和换电站投建倾向,小区场站和单位场站也逐渐加入投建加入。在新建场站规模分布上,与公用场站和换电站的新建场站较为不同,公用场站以微型、小型居多,而换电类站则以中型场站为主。

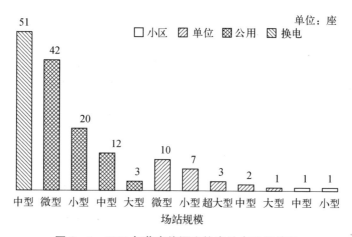

图 3‑6　2022 年蔚来能源充换电站点建设情况

在2022年期间,国网电动汽车新建场站的类型和场站规模分布情况,如图3-7所示。国网电动汽车在该年度共新建41座不同类型、规模的站点,主要为公用场站和小区场站。其中,公用场站数14座,小区场站16座,分别占新建场站总数的34%、39%。这表明了国网电动汽车在新建场站时,倾向于投建公用类场站和小区共享场站。在新建场站规模方面,公用场站和小区共享场站均以微型场站为主。

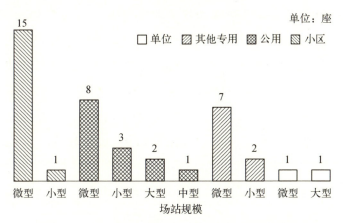

图3-7　2022年国网电动汽车充换电站点建设情况

第三节　充换电设施总体情况概览

为适应电动汽车产业的快速发展,中国各地积极筹建电动汽车充电站,地方政府成为电动汽车充电站建设的关键助力。

一、几大先发城市充换电发展状况

(一)深圳

在电动汽车产业发展初期,深圳市制定了以公共服务领域为主要突破口、以公交车和出租车为切入点的发展路线,逐步在公共交通、公务车、私人用车等多个领域开展电动汽车示范推广工作。深圳市充电设施的建设和运营,目前实行政府严格管制下的特许经营机制,充电站从规划、报批、建设、运营以及价格等各环节,均需经过政府相关主管部门的论证与审批。至 2010 年年底,深圳市启动了 200 辆比亚迪 E6 纯电动出租车的示范运营项目。在深圳市,南方电网、普天新能源、比亚迪等企业是充电设施建设和运营的主体。

截至 2017 年 7 月,深圳市已推广新能源汽车超过 7.6 万辆,占全市机动车总量的 2% 以上。到 2017 年 9 月底,深圳市已实现专营公交车的 100% 纯电动化,成为全球范围内新能源公交车应用规模最大、车型最齐全的城市。在 16 359 辆纯电动公交车中,包括双层大巴 100 辆,大巴 13 155 辆,中巴 3 055 辆。自 2015 年起,深圳市针对出租车制定了提前更新为纯电动车的奖励政策,目前,深圳市已更新为纯电动出租车的数量占全市出租车总量的 35%,2020 年年底,实现了出租车 100% 纯电动。

政府对新能源汽车实施免限行限购政策,新能源乘用车在公共停车场的前两小时停车费用予以免除,纯电动物流车则享有全天候、全路段通行优惠。目前,深圳市的纯电动物流车辆保有量达 1.2 万辆,保有量和使用量居全国城市首位。

根据 2017 年 7 月由深圳财政委员会与深圳发展和改革委员会联合印发的《深圳市 2017 年新能源汽车推广应用财政支持政策》中的规定,按照充电设施装机功率,对直流充电设备给予 600 元/千瓦补贴,交流充电设备给予 300 元/千瓦补贴,较 2016 年补贴额度提高了一倍。此外,该政策还提出,单个运营商建设充电桩总功率达到 8 000 kW,方可提出补贴申请。截至 2023 年年底,深圳已建成超充站 161 座,至同年 10 月,深圳已累计建成 26.1 万个充电桩。

(二)北京

北京市积极开展电动汽车示范运行工作,在公共交通、物流、环卫、租赁、公务以及私人消费等领域实现了电动汽车的推广应用。在电动汽车示范运营初期,北京市在 121 路公交车和奥运电动大巴公交车上进行了成功的尝试和研究。自 2011 年开始,延庆区率先启动了电动出租车的示范运营工作。在北京市的 10 个远郊区县中,已有 9 个区县引入了电动出租车。至 2014 年 12 月,500 辆 EV200 纯电动城区出租车正式投放运营。

截至 2017 年 8 月,北京市在多个领域累计推广新能源汽车 15.4 万辆。其中,2016 年全年新增纯电动汽车 7.33 万辆。在公共交通和出租车等领域(不包括租赁车辆)推广 2.45 万辆;累计推广电动租赁车 1.55 万辆。截至 2017 年 8 月,全市个人及单位纯电动小客车上牌接近 11.3 万辆,占全市新能源汽车总量的 70% 以上。

在规划和建设充电基础设施方面,截至 2021 年 12 月,已累计建成约 25.6 万个充电桩。

(三) 广州

2009 年 9 月,新穗公司引进电动巴士,广州首辆双层电动公交车开始在 538 路公交线上进行了为期 3 个月的试运行。随后,2009 年 10 月,广州首辆单层纯电动公交车也启动了试运行。2010 年 11 月,广州市首个公共电动汽车充电站在亚运城投入使用,该充电站不仅是南方电网节能和新能源汽车的应用示范试点,也是亚运城的专属营业网点。

广州市连续六年担任全国新能源汽车推广应用示范城市,在新能源汽车的推广应用、环境建设、产业培育等方面取得了显著成效。截至 2017 年 10 月,广州市累计推广新能源汽车达 4 万辆,位居全国城市前列。这些车辆累计行驶里程约 6 亿公里,累计充电量超过 1 亿千瓦时。目前,广州市已成功营造出新能源汽车应用的良好环境,新能源汽车产业全面兴起,车型覆盖广,形成了一个完整的新能源汽车产业链。

《广州市新能源汽车发展工作方案(2017—2020 年)》(以下简称《工作方案》)提出,力争到 2018 年实现公共交通工具的全面电动化,并计划至 2020 年年底,全市新能源汽车保有量累计达到约 20 万辆。关于充电基础设施建设,《工作方案》提出,到 2018 年年底,各类充电桩(机)保有量达 7 万个,以基本满足全市新能源汽车的充电需求。到 2020 年,全市充电桩(机)保有量达 10 万个。

根据《工作方案》,广州市每年更新或新增的出租车中,纯电动出租车所占比例不低于 70%,并应逐年递增 5 个百分点,剩余 30% 车辆应全部使用新能源汽车。在环卫、物流等公共服务领域,每年新增或更新的车辆中,新能源汽车的选用比例不低于50%,并逐年递增5个百分点,其中纯电动汽车的比例不低于30%,也逐年递增5个百分点。此外,《工作方案》还提出,广州市将大力推进党政机关、公共机构使用新能源汽车。在满足工作需求的前提下,原则上全部使用新能源汽车,鼓励党政机关和公共服务机构优先选择租赁新能源汽车出行。根据《工作方案》,2017—2018年,全市约新增新能源私人用车(乘用车)5万辆,到2020年,私人领域新能源汽车保有量达12万辆。

(四)上海

自从2007年9月起,首批6辆纯电动公交车投放运营,上海的电动汽车运营便主要采取了"电池+电容"技术路线,并辅以其他技术。2009年,作为国内第一座具有商业运营功能的电动汽车充电站——漕溪电动汽车充电站的建设及应用成为国家电网公司落实节能减排政策的示范项目。该项目历时3年,总投资额达508万元。该充电站配备了10个充电车位,可满足插电式混合动力汽车和纯电动汽车等多种电动车辆的充电需求。

近年来,上海在全国新能源汽车的推广和应用方面发挥了领头羊的作用。该市的新能源汽车累计推广量,2014年率先突破1万辆,2015年率先突破5万辆,2016年率先突破10万辆,上海因此成为全球电动汽车拥有量最大的示范城市。私人新能源汽车用户占比超过了60%,私人用户自用充电桩的普及率达到了80%以上,这使得上海成为全国电动汽车私人用户充电桩拥有率最高的城市。此外,电动汽车用户的满意度也高达80%以上,在全国也是最高的。2017年1月到7月,上海市新能源汽车的上牌数量达到了16 511辆。在个人用户方面,新能源汽车的个人拥有比例逐步上升,在这段时间内,个人用户的上牌量达11 967辆,占总推广量的70%以上。此外,新能源汽车推广中值得注意的还有新能源物流车的增长。据统计数据显示,2017年1月到7月,上海累计推广了384辆纯电动物流车,同比增长了284%。

随着新能源汽车的大力推广，充电设施的布局也在积极推进。2016年上海推广了1 857辆新能源公交，占到了新增及更新车辆的85%。同年，上海新建了3.63万个充电桩，累计建成的充电桩数量达到了5.8万个，其中私人及专用充电桩数量为5.1万个。据统计数据显示，截至2021年12月，上海的公共类充电桩数量位居全国第二，总数为10.0万个。

(五) 太原

2013年11月，太原获批成为国家新能源汽车示范城市。2016年，太原耗时一年将全市8 292辆出租车全部更换为电动汽车，成为全国乃至全球第一个实现出租车全面电动化的城市。截至2017年6月，全市新能源汽车保有量达到26 338辆，其中纯电动汽车20 464辆、燃气车5 864辆。此外，太原市已经新建了包括比亚迪、远航、华夏动力在内的6个新能源汽车产业项目。在2016年上半年，太原市生产新能源汽车229辆，推广7 389辆纯电动汽车。

太原市坚持规划引领，充电设施先行。通过实施"政府主导推动、国有企业示范引领、民营企业积极参与"的策略，太原市充分利用火车站、公园绿地、商务区等公共空间资源，包括地上和地下空间，科学地在城市中心区域布局和建设充电桩。自2016年1月启动充电桩建设项目以来，太原市的8家国有企业和50家民营企业，共计58家企业投资约5亿元，共建成117个充电站、6 293个充电桩，总容量达到31×10^4千伏安，可满足现有纯电动汽车的充电需求。下一步太原市将将着力解决规划布局、小区建桩、电网接入、土地供应等问题，推进充电设施的互联互通，切实提高车桩比(车辆与充电桩的比例)、充电服务的便利性，并确保企业收益预期稳定。

二、上海充换电行业发展现状

自2021年起，市级平台开始协助上级主管部门调查和处理"僵尸站""僵尸桩"，并督促运营商下线、拆除废弃充电桩。在清理工作完成后，更新了实际运营充电设施的统计方法。2022年3月,上海市发展和改革委员会、上海市交通委员会以及上海市房屋管理局联合发布了一项通知,其内容是关于推进电动汽车充电设施建设的工作方案。这项方案是为了落实《2022年上海市为民办事项目》而制定的。该通知依据上海市充换电设施"十四五"发展规划,明确了公共充电桩和经营性快充桩的建设数量目标。上海市历年累计接入和实际运营的充换电设施数量情况统计,如图3-8所示。

图3-8 上海市历年充换电设施接入及实际运营数量

　　截至2022年12月,上海的市级平台已接入280家实际运营的充换电设施运营商。该平台累计接入全市公用及专用充换电设施共计14.48万个,具体包括9.06万个公用充电桩和5.42万个专用充电桩。截至2022年12月,实际运营的充换电设施总数达到10.04万个,其中公用充电桩为7.17万个、专用充电桩为2.87万个。如图3-9所示,全市实际运营的公用充电桩中,直流充电桩有2.10万个(占公用充电桩总数的29%)、交流充电桩有5.07万个(占公用充电桩总数的71%);在专用充电桩中,直流充电桩有1.08万个(占专用充电桩总数的38%)、交流充电桩有1.79万个(占专用充电桩总数的62%)。据初步统计,截至2022年年底,全市私人充电桩数量已达55.22万个,加上实际运营的公用及专用充电桩,全市充换电设施的总数约为65.26万个。

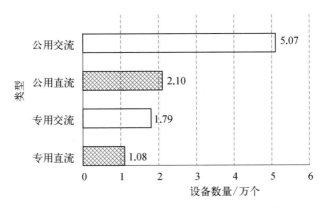

图 3‑9 上海市 2022 年实际运营的设备数量

根据场站的运营情况,场站可以划分为实际运营场站和"僵尸站"。"僵尸站"需要满足以下两个条件:

(1)过去一年内场站未产生任何充电订单;

(2)经与各运营商核实,场站已被拆除或不再运营等,无法正常提供充电服务。

截至 2021 年年底,上海实际运营的充换电场站数量达到 9 761 座,截至 2022 年年底,全市保持正常运营状态的充换电场站数量为 7 616 座,同比下降了 22%,实际运营场站数量减少的主要原因是淘汰了那些不再提供公共充换电服务的"僵尸站"。

上海市历年公共电桩充电量及其年环比增长率,如图 3‑10 所示。

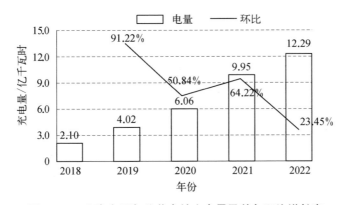

图 3‑10 上海市历年公共电桩充电量及其年环比增长率

从全年的充电量数据来看,上海市的公共充电桩充电量持续保持稳定的增长态势。2022年的充电量相较于2021年实现了23.45%的环比增长。尽管这一增长率相比前一年的64.22%有较大下降,但2022年的整体充电量除了4月、5月、6月及12月,其余月份的充电量同比2021年同期相比,依然实现了30%至50%的增长。特别是2月,在充电量和订单量方面,增长幅度均超过了100%。

三、车桩对比

根据上海市新能源汽车推进办公室的统计数据,2022年全年,上海市共推广新能源汽车近33.56万辆,同比增长32.1%,全市新能源汽车辆突破101万辆,全市车桩比约为1.4∶1。

如图3-11所示,自2020年起,上海市新能源汽车和公共充电桩的增长趋势大致相近,然而,公共充电桩的整体增速远低于新能源汽车。2019年,新能源汽车和公共充电桩的新增数量都出现了一定程度的下降。但从2020年开始,新能源汽车的推广数量有了大幅提升,其增速远远超过公共区域充电桩的增长速度。在2020年和2021年,新能源汽车都以100%左右的速度增长,2022年其增长速度大幅下降,但是新增车辆上牌数量仍然保持了正增长。相比之下,2022年公共充电桩的投建数量同比2021年有所减少。

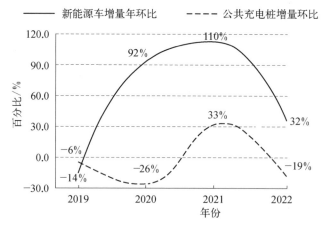

图3-11 上海市历年新能源车、公共充电设备新增百分比

第四节 充换电设施建设发展状况研究

一、发展特点

在 2009 年至 2012 年期间的第一轮新能源汽车示范推广试点过程中,我国主要侧重于对车辆推广的支持,而对充电基础设施的规划与支持政策相对较弱。自 2013 年起,随着新一轮试点的启动,政府开始陆续推出一系列支持充电基础设施的政策,体现出了政府推动充电基础设施发展的决心。

国务院办公厅于 2014 年 7 月发布的《关于加快新能源汽车推广应用的指导意见》(国办发〔2014〕35 号)将加快充电基础设施建设作为重点措施之一,对充电基础设施的规划、标准、用地、用电、定价、技术、建设主体等方面进行了界定,为充电基础设施的发展制定了框架,具有非常重要的意义。

2015 年 10 月 9 日,国务院办公厅印发《关于加快电动汽车充电基础设施建设的指导意见》(国办发〔2015〕73 号文),该文件对我国电动汽车充电基础设施发展的总体思路和具体推进方式进行了部署,是一份针对电动汽车充电基础设施发展的纲领性文件。

2016 年 1 月 19 日,科技部、工信部、财政部、发展和改革委员会和国家能源局联合发布了《关于"十三五"新能源汽车充电设施奖励政策及加强新能源汽车推广应用的通知》(财建〔2016〕7 号)。该文件明确了 2016—2020 年期间,中央财政将继续提供资金对充电基础设施建设、运营给予奖补,并制定了奖励标准,旨在促进电动汽车充电基础设施的发展。

从充电设施建设类型上看,由于我国电动汽车推广的前期,主要集中在公共交通领域,如公交车、出租车、环卫车辆等。因此,充电设施的建设也主要集中在为这些公共领域车辆服务的充电站、换电站,在深圳、合肥、杭州等第一批示范推广城市建设了一批示范性工程。随着私人车辆的普及,住宅小区、工作单位等私人领域对充电桩的需求迅速增长,私人充电桩的数量也急剧上升，同时，市场上还出现了独立占地的充电塔、机械式充电楼等新型充电设施。随着市场的进一步细分，充电设施运营商越来越倾向于根据不同的充电场景来构建充电网络。

在充电设施的建设主体方面，前期以国家电网公司、南方电网公司、普天新能源等中央企业为主，随着市场的逐步开放，青岛特锐德、星星充电等民营企业开始进入充电设施运营市场，并通过创新新型商业模式，实现了较快的发展。

二、充换电场站建设情况

（一）充换电场站建设现状

上海市目前实际运营的充换电场站数量为7 616座，与2021年的9 761座相比，年环比下降22%。专用场站的实际运营数量的减少是导致整体实际运营场站数量下降的重要原因。2021年，专用场站实际运营数量为4 723座，2022年，专用场站实际运营数量为2 350座，环比下降50%。2021年，公用场站实际运营数量为5 038座，2022年，公用场站实际运营数量为5 266座，环比增长5%。

在2022年期间，下线的场站以专用交流设施为主，而新增上线的充电设施则多以大功率直流设备为主。2021年与2022年实际运营充换电场站的总额定功率，如图3-12所示。在实际运营的专用场站

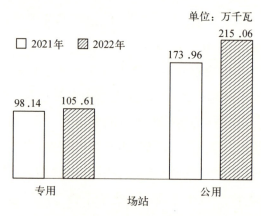

图3-12　2021年与2022年实际运营场站的额定功率总量

数量下降50%、公用场站数量增幅仅为5%的情况下,上海市在2022年的实际运营充换电场站总额定功率仍达到了321万千瓦,相较于2021年的272万千瓦,环比增长18%。其中,2022年专用场站的额定功率总量为105.61万千瓦,公用场站的额定功率总量215.06万千瓦,其环比增幅分别为8%和24%,显示出公用类站点的增长优势更为显著。

在行政区的实际运营场站方面,浦东新区和闵行区由于区域面积较大,拥有最多的实际运营站点,以绝对的优势领先于其他行政区。从图3-13中可以看出,相较于非中心城区,中心城区的实际运营站点数量较少。此外,中心城区内各行政区之间的实际运营站点数量差异较小,大多数中心行政区的实际运营场站数量都集中在200～400座之间。

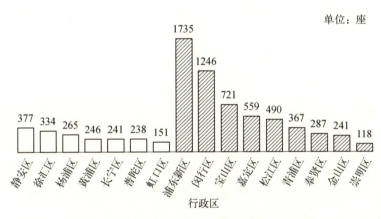

图3-13 2022年各行政区实际运营场站数量

在2022年,上海市共新建了1 090座场站,相较于2021年,新建场站的数量环比下降了11%。从行政区的角度分析,只有宝山区、金山区、松江区、长宁区4个行政区的场站新增数量相较于2021年有所增加。其中,宝山区的新建场站数量环比增长最为显著,增幅达到了102%,青浦区在2022年新建的站点数量与2021持平,而其他11个行政区的新建场站数量较2021年有所减少(见表3-2)。

表 3-2　2022 年各行政区新建场站数量对比

行政区	2022年新建场站数量/座	2021年新建场站数量/座	新增年环比/%
浦东新区	217	256	−15
宝山区	180	89	102
闵行区	145	200	−28
松江区	92	76	21
嘉定区	75	85	−12
青浦区	71	71	0
静安区	50	91	−45
金山区	39	28	39
奉贤区	34	55	−38
普陀区	34	48	−29
长宁区	34	29	17
杨浦区	32	40	−20
徐汇区	31	44	−30
黄浦区	30	68	−56
崇明区	13	15	−13
虹口区	13	31	−58

（二）各类充换电场站投建趋势

在 2022 年，上海市共计新增 1 037 座充电场站和 53 座换电场站。根据场站充电枪口的数量，这些场站可以被划分为五个规模等级：超大型、大型、中型、小型以及微型站点。

如图 3-14 所示，相较于 2021 年，2022 年不同规模场站的新建数量普遍呈现下降趋势。其中，小型和中型场站的新建数量下降幅度相对较小，微型、大型以及超大型场站的新建数量下降幅度较大，特别是超大型场站，其新增数量环比下降了 20.2%。

在新建场站数量的类型分布上，近两年主要以公用场站、小区共享场站和单位场站为主，相比之下，公交专用和物流专用场站的新建数量则较少。从图 3-15~图 3-17 可以看出，单位专用场站和小区共享场站的新

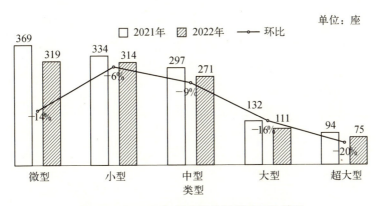

图 3-14 2022 年新建场站规模及环比情况

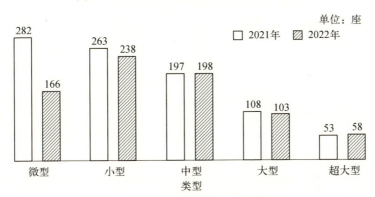

图 3-15 新建公用场站的规模分布情况

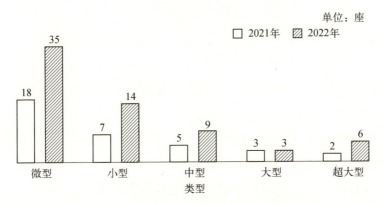

图 3-16 新建单位专用场站的规模分布情况

建数量均有显著增长,其中微型场站的增长尤为突出。公用场站的新建数量相较 2021 年有所减少,2022 年新建的公用场站中,微型场站的新建数量环比下降幅度最大,其他规模的新建场站数量与 2021 年相比变化不

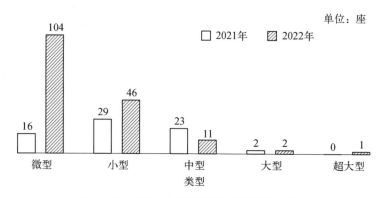

图 3-17 新建小区共享场站的规模分布情况

大。在单位类型场站中,新建数量增幅最大的是微型场站,其他规模的场站也有小幅增长。对于小区场站而言,新建数量增长最快的是微型场站,小型场站的新增数量也比 2021 年有较大幅度的提升。

三、充换电设备建设情况

(一) 充换电设备建设现状

截至 2022 年,实际运营的充换电设施数量共计 10.04 万个,相较于 2021 年的 9.26 万个,实现了 8.4% 的年环比增长。在这些设施中,直流快充设备有 3.18 万个,交流设备有 6.86 万个。2022 年,直流快充设备的占比为 31.70%,相较于 2021 年的 28.10% 有了较明显的提升。此外,公共区域公用场站中直流快充设备的占比从 2021 年的 24.3% 增长到了 29.3%,显示出公用场站直流设备占比的明显增长。2022 年,不同规模场站的实际运营情况,如图 3-18 所示。

根据充电站配备的充电枪数量,充电站被划分为微型、小型、中型、大型和超大型五类规模。充换电设施数量与场站数量在场站规模上呈现出相反的分布趋势。从场站数量来看,微型场站数量最多,为 2 472 座,占总场站数的 32%,但其设施总数却是最少的,仅为 7 138 个。超大型规模场站仅有 505 座,设施总数却最多,共计 35 811 个,占总充换电设施数量的 36%。

按照实际运营充电场站的类型统计的充换电设施数量及占比情况如

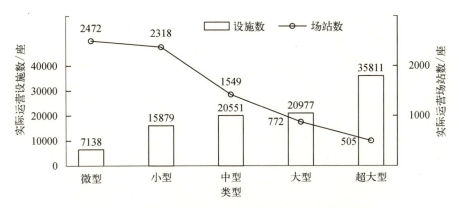

图 3-18 2022 年不同场站规模实际运营场站数与设备数

图 3-19 所示,各充电场站类型的设施中公用站点充电设施数量最多,占总充电设备的 71.4%。其次为小区共享类型充电设施为 9 162 个,占总量的 9.1%。换电设施方面,目前暂无公用类型换电设施,均为专用类型换电站,截至 2022 年年底正常运营的专用非通用型换电设施数量为 1 843 个,占设施总量的 1.8%。

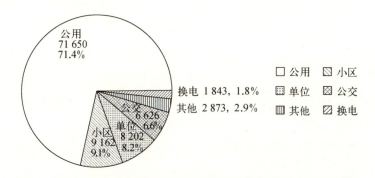

图 3-19 2022 年各类型场站实际运营的设备数量(个)及占比情况

如图 3-20 所示,根据 2022 年实际运营的充换电设施数据,按功率组分类统计,可以看到,11 kW 以下的设施数量最多,为 6.91 万个,占总设施数量的 68.9%。120 kW 以上的设备数量最少,为 0.31 万个,占总量的 3.1%。与 2021 年相比,所有功率组的设备数量都有所增加。尽管 11 kW 及以下的设备数量基数较大,2022 年仍实现了增长,但其增幅在各功率组中最小,为 3.98%。61~120 kW 的设备数量增长了 0.31 万个,增幅达到

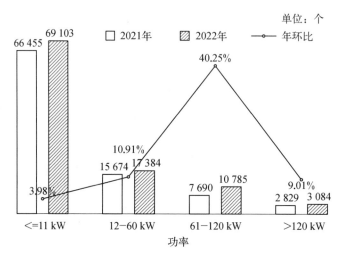

图 3-20 2021 年、2022 年不同功率区间实际运营设备数量

了 40.25%。

依据上海市的城市环线,可将上海划分为三个区域:内环内、内外环之间以及外环外。如图 3-21 所示,内环内的设备数共计 1.2 万个,外环外设备总数为 5.8 万个,内环内的直流设备占比为 3%,外环外的直流设备占比为 19%,内外环间的直流设备占比为 33%,内环内的直流设备占比显著低于内环外的。

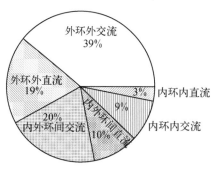

图 3-21 上海市各区域内实际运营设备数占比

根据设备使用类型与设备类型,分别对各行政区的充换电设施数进行统计。从图 3-22 和图 3-23 中可以看出,截至 2022 年 12 月,在上海市的 16 个行政区中,由于浦东新区的区域面积较大,其实际运营设备数量达到了 2.37 万个,以绝对的优势排名第一,其次是闵行区,实际运营设备数为 1.72 万个。相比之下,其余 14 个行政区在实际运营的充换电设施总量上与浦东新区和闵行区之间存在较大差距。

浦东新区和闵行区在设备数量上以绝对的优势领先于其他行政区。然而,从充电设备的分布密度来看,由于这两个行政区的面积较大,平均

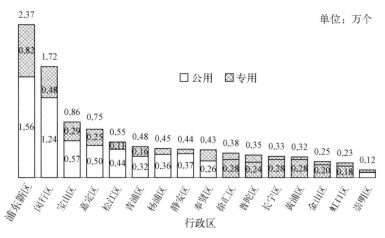

图3-22 上海市各区公用及专用充电设备的实际运营数量

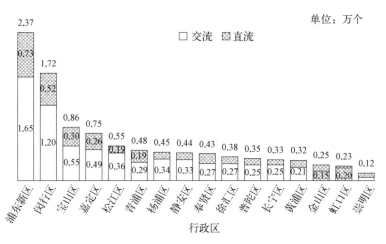

图3-23 上海市各行政区交/直流输电设备实际运营数量

每平方千米的设备数的相对较少;黄浦区虽然设备总数量排名第十三,但其平均每平方千米的设备数量却是最多的,并且常年保持第一,平均每平方千米有155个充电设备;静安区,平均每平方千米有120个充电设备。从图3-24中可以清晰地看出,总体而言,中心城区平均每平方千米的设备数量显著高于非中心城区。

(二)充换电设备投建趋势

2022年,上海市各行政区新增充电设备数量的统计数据及其建设指

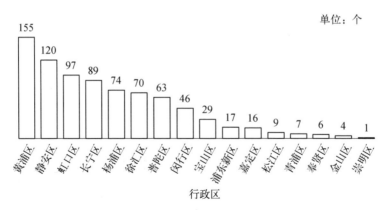

图3-24 上海市各行政区每平方千米量的实际运营设备数

标完成情况,如图3-25所示。浦东新区和闵行区在新增设备数量上领先,分别占据第一名和第二的位置。具体来看,浦东新区新增建设了4373个充电设施,位居首位;闵行区以2298个紧随其后,排名第二;宝山区以2029个位列第三。这一排名与各行政区实际运营的设备总数排名基本一致。此外,可以看出,截至2022年12月,上海市的16个行政区均已完成当年充电设施为民办实事项目的建设任务。

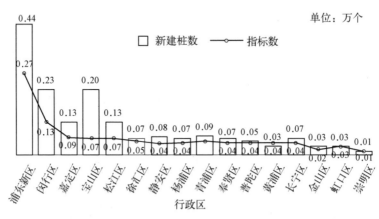

图3-25 上海市各行政区充电设备新增数量及指标完成情况

从充电设备的建设总体情况来看,2022年上海新增了0.70万个直流充电桩和1.03万个交流充电桩,总计新增约1.73万个充电设备。相较于前一年,2022年直流充电桩的新建数量下降了18%,交流充电桩新建量年环比下降了20%。如图3-26所示,交流充电桩经过2017年的发展高峰后,近年来其增速相较于直流充电桩而言,保持了相对较平稳的增长状态,直流充电桩的年环比增速显著高于交流充电桩的。

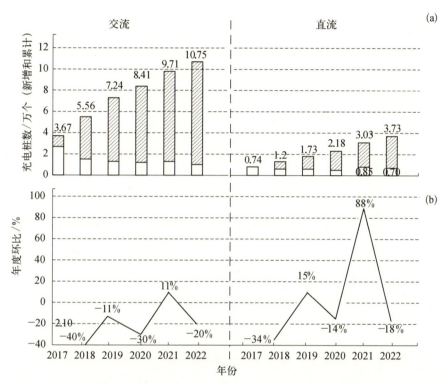

图3-26 上海市历年累计接入交流/直流设备数量、新增设备数量及其环比增速

由于交流充电桩基数较大,在2022年新增交流充电桩的环比增速下降20%的情况下,交流充电桩无论是在实际运营总数上还是年度新增数量上,仍然高于直流充电桩。相比之下,直流充电桩的建设速度在2021年出现了大幅增长(约88%),尽管2022年的环比增速较2021年下降了18%,但是在新增数量方面,与前几年相比,依然保持了较高的水平。

根据表3-3和图3-27至图3-30可以看出,在新建设备数方面,除了2022年专用直流设备的新建数量与2021年持平外,公用交流、公用直流以及专用交流的新增设备数量均出现了大约20%的下降。

表 3-3 不同设备类型的新建设备数量及年环比增长率

设备类型	2021年新建设备数量/万个	2022年新建设备数量/万个	年环比/%
公用交流	0.94	0.76	−20
公用直流	0.67	0.52	−19
专用交流	0.36	0.27	−22
专用直流	0.19	0.18	1
总计	2.15	1.73	−18

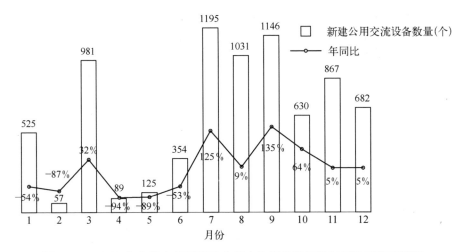

图 3-27 2022年上海市每月新建公用交流设备数量及年同比增长率情况

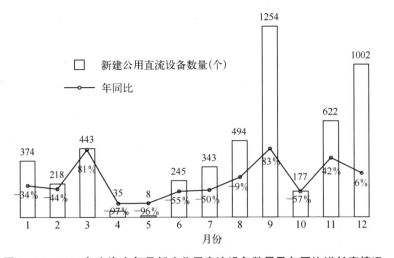

图 3-28 2022年上海市每月新建公用直流设备数量及年同比增长率情况

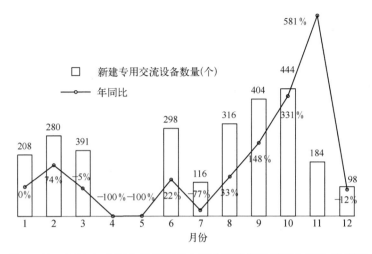

图 3-29　2022 年上海市每月新建专用交流设备数量及年同比增长率

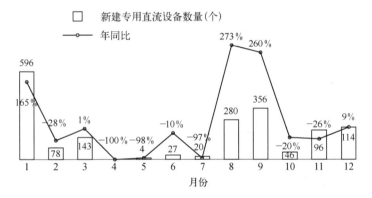

图 3-30　2022 年上海市每月新建专用直流设备数量及年同比增长率

在 2022 年上半年,新增设备数量与 2021 年同期相比普遍呈现下滑态势,尤其是 4 月至 6 月期间,相较于 2021 年同期的下降幅度较大。然而,进入下半年,7 月和 8 月的公用交流设备、专用交流设备以及专用直流设备的新增数量均超过了 2021 年同期,且增长幅度相对较大。公用直流设备,仅在 3 月、9 月、11 月和 12 月实现了与 2021 年相比的增长。

图 3-31 展示了不同功率分布区间内设备的数量及其年环比变化。其中,功率小于或等于 11 kW 以及超过 120 kW 的公用与专用新增设备数量,与 2021 年相比,均呈现出不同程度的减少。然而,在 12~60 kW、61~120 kW 的功率区间内,专用新增设备数量却有所增加。特别是 12~

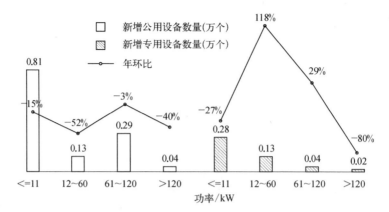

图 3-31 2022年上海市各功率段设备投建数量及年环比增长情况

60 kW 区间的新增专用设备数量增幅最大,达到了 118%。

四、上海五大新城充电设施建设情况

新城是上海推动城市组团式发展,形成多中心、多层级、多节点的网络型城市群结构的重要战略空间。根据国务院批复的《上海市城市总体规划(2017—2035年)》明确,将位于重要区域廊道上、发展基础较好的嘉定、青浦、松江、奉贤、南汇等五个新城,培育成在长三角城市群中具有辐射带动作用的综合性节点城市。

在五大新城的充换电场站建设运营方面,实际运营场站数最多的为松江新城,共250座;场站数量最少的是奉贤新城,共149座(表3-4)。在场站规模上,五大新城普遍以微型、小型场站为主,大约占总场站数量的60%,超大型场站数量则相对较少,占比介于4%~7%之间(图3-32)。

表 3-4 五大新城各规模场站数量

区域	超大型场站/座	大型场站/座	中型场站/座	小型场站/座	微型场站/座	总计/座
松江新城	9	23	52	76	90	250
嘉定新城	15	29	59	91	53	247
南汇新城	12	23	44	48	52	179
青浦新城	9	22	27	37	59	154
奉贤新城	11	21	34	49	34	149

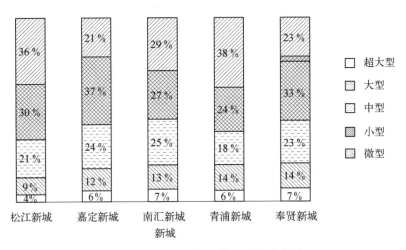

图 3-32 五大新城各规模场站的分布情况

如图 3-33 所示,在五大新城的充换电设施建设运营方面,实际运营设备数量最多的为嘉定新城,共 3.13 万个,设备数量最少的为青浦新城,共 0.19 万个。在场站类型上,五大新城均以公用设备为主。

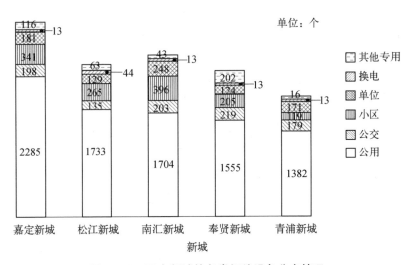

图 3-33 五大新城的各类场站设备分布情况

第五节　充电基础设施发展的影响因素

在电动汽车充电基础设施的发展过程中,多种因素将对其发展规模和预期产生影响,包括充电技术的发展速度和方向、政策的支持力度,以及企业商业模式的选择等。

电动汽车作为充电基础设施的主要服务对象,其未来的发展将极大地影响充电基础设施的发展。各类电动车辆的特性决定了充电基础设施建设的具体需求,不同技术类型和应用领域的车辆发展规模,将对充电设施的整体布局和建设数量产生重要影响。此外,充电技术的进步对充电基础设施的发展同样至关重要,无论是充电技术的成熟度还是新充电技术的出现,都会在一定程度上影响充电基础设施的发展。例如,在当前的充电技术发展路径中,如果技术能够较快成熟,相应的充电基础设施的生产成本降低,充电时间缩短,使用效率提高,那么充电基础设施的普及率也会大幅提高,进而加快充其发展进程。此外,智能充电、无线充电等新进程充电技术的出现,可能会在一定程度上取代原有的充电技术,从而影响充电基础设施的发展。

政策环境对充电技术和充电基础设施的发展都会产生较大影响,有利的政策环境不仅能够推动现有充电技术的成熟和新的充电技术的研发,还有利于充电基础设施的推广。例如,力度较大的研发支持政策和良好的研发组织模式,能够提高研发效率,从而加快技术和产品的市场化。在充电基础设施推广阶段,有利的政策能够迅速扩大充电基础设施的使用范围,而不利的政策往往阻碍充电基础设施的发展。例如,在推广阶段就将补贴与充电量直接挂钩,可能会制约充电基础设施的发展,增加车辆制造商的话语权,导致充电运营商不敢提前布局。

商业模式对充电基础设施的影响主要体现在市场推广方面,其作用不容忽视。在电动汽车刚开始普及的阶段,由于充电需求的逐步释放,充电设施建设运营面临经济性的较大压力,仅凭民间力量,充电基础设施的商业模式是否能够实现可持续发展,仍是一个巨大的疑问。在公共充电基础设施建设上,由于前期投资规模较大,而电动汽车的普及程度尚低,消费者在公共场所的充电需求尚未形成规模,即便运营商按照最高标准收取充电服务费,亏损现象依然普遍存在。为了推进充电基础设施的建设和发展,必须构建一种能够使充电基础设施运营商、整车企业、电力企业和消费者等主体都能从中受益的商业模式,提高各方满意度。

第六节　充电基础设施细分市场

随着充电基础设施的逐步完善,其细分市场变得日益明确,有些领域甚至出现了专用化的趋势。在评估车辆的单次充电功率、每天的行驶轨迹与补电节奏、停放场所、是否需要换班,以及每小时的机会成本等因素时,我们能够深入洞察长期使用过程中的综合成本问题,通过拆解客户需求,以更好地理解细分市场。

一、公交客运

在全国范围内,公交客运业经历了从国营向私营的转变,随后又重新收归国营,目前正处于这一转变的过渡期。因此,在讨论公交客运问题时,首先要明确其是否属于挂靠关系。若公交客运属于挂靠关系,那么车辆采购和充电均属于私人行为。反之,若公交客运属于国营范畴(通常情况下,资产由地方交通投资集团持有,并交由公交公司或客运公司运营;抑或公交/客运公司直接持有资产),那么车辆与充电桩采购若超过一定金额,必须通过经过招投标进行。

由于公交车和常规客运车辆都有规定线路,因此它们的行驶轨迹比较明确。这些车辆通常配备有首末站,用于车辆停靠。首末站包括多种类型的场站,如普通回车场、中心站和停靠站等,它们根据各自的特点,能够以不同程度的规模容纳车辆,并因此具备安装不同级别充电设施的潜力。公交车和客运车辆都需要夜间停放的场所,中心站由于场地大,便于车辆集中停放，因此也适合进行夜间慢速充电。因此，中心站与其他场站在满足不同需求的应用场景中，展现出各自独特的业态。

在这一行业领域，部分公交客运制造商在销售新能源车辆时，会将充电桩作为配件纳入车辆订单中，并提供一定的折扣，尽管如此，最终价格仍旧不菲。这种做法是主机厂的一种销售策略，那些怕麻烦的客户很喜欢这种打包方式。然而，在早期阶段，公交客运选择与专业的充电服务商合作，毕竟专业的事情要由专业的人来做。但鉴于公交客运大巴的使用规律稳定且用电量大，公交客运用户意识到，投建模式并不适合他们，客户能很容易算出，持续支付的服务费用何时时能确保总投资收回成本。

在公交客运领域，充电设备的采购招标越来越多。然而，由于受到低端产品的影响，消费者对充电设备的理解产生了偏差，认为充电设备很简单，从而倾向于选择最低价的投标。这种现象导致了"劣币驱逐良币"的市场效应，使得充电桩行业的价格持续走低，利润空间被严重压缩。结果，越来越多的充电桩企业无法为用户提供完善的售后保障，消费者开始受不利影响，他们逐渐意识到，充电问题不仅仅关乎设备本身，更涉及服务保障的问题。于是市场上合作模式再次成为焦点。我们认为，从公交客运公司的利益出发，一种逐步倾向的合作方式将是BOT（建设-运营-移交）＋委托运营。具体而言，充电运营商将全资投资建设充电设施，并在运营过程期间以相对低的服务费为公交客运车辆提供充电服务。通过这种方式，客户将在约定的年限内收回投资成本，并实现约10％左右的年化收益率，从而实现投资退出。随后，双方可以继续形成委托关系，通过年度合同为客户提供持续的充电保障服务。这种模式对公交客运公司而言，无需一次性投入，长期使用成本最低，且能获得长期稳定的保障，同时享受到专业的服务。对于充电服务公司来说，虽然初期投入较大，但收益率尚可，面临的风险主要在于客户的偿付能力，他们可能会因为保障公共出行的需求而被要求提供充电服务，但有时会遇到客户无法完成支付的情况。

一些公交客运公司出于对其他因素的考量，更倾向于与充电服务公司成立合资公司。然而，关于场地使用成本的谈判往往需要进行大量的沟通。理想情况下,作为合资公司的参股方,他们可以不支付成本。在建立合资公司时,必须确定双方的权利、义务和责任,特别是出资比例、服务费用、成本分摊和利润分配的具体细节。

二、出租车、专车

出租车行业也经历了国营和私营的交替变化,产权和经营权的不同导致了充电行为的多样性。与公交客运不同,出租车的行驶路线不固定,呈弥散状态。因此,在同一个城市中,无论是单辆还是成百上千辆出租车的充电需求都相似,它们遍布城市各个角落。因此,在特定城市推广出租车服务时,应根据城市的规模来确定初始充电站的数量,进而确定理想的出租车推广规模。

在考虑出租车的充电需求时,一个非常重要的因素是运营模式是否为多班制。在那些仅实行单班运营的城市,通常意味着运营需求相对较低,夜间出行需求不旺盛,这为夜间充电提供了充足的时间。单班运营的出租车一般每日行驶里程数不超过 250 千米,而目前市场上许多乘用车的续航能力都能满足这一要求。因此,在这种情况下,利用夜间交流充电桩进行充电,辅以少量直流充电桩,便足以满足需求。例如,在甘肃嘉峪关市,有 90% 的出租车实行单班运营,而在江苏常州市,这一比例仅为 10%。

在那些实行两班运营甚至三班制运营的城市中,出租车司机在交接班时通常会加满油,以确保车辆的连续运行。因此,当这些车辆更换为电动汽车时,司机们也会保持这一传统,在交接班前将电池充满电。在多班制运营模式下,由于市场需求旺盛,时间对司机来讲是非常宝贵的,因此交接班的充电时间变得非常关键。司机们会将充电所耗费的时间折算为运营的机会成本。例如,在 A 城市,如果司机估算每小时能产出 50 元,那么充电耗费的 1 小时就会被视为损失了 50 元。尽管电动汽车的充电成本比燃油燃气成本低,但司机们更关注的是补充能源所节约的成本与时间机会成本之间的差额,这个差额才是他们认为的真正节约的成本,它将直接影响司机们使用新能源汽车的积极性。

随着市场上更高充电倍率的电动车辆,出租车充电网络的更高功率化趋势将更加明显。例如,某动力电池公司正寻求与主机厂合作,共同推广 3C 倍率的充电电池,并计划在某个城市推广 180 kW 的直流充电桩。从业态角度来讲,由于在太原和深圳投放的比亚迪 E6 车型需要近两小时的充电时间,因此在这段漫长的时间里为司机提供的附加服务显得尤为重要。然而,随着充电时间的缩短,原有的服务模式可能会逐渐被替代。

从投资主体的角度分析,在兰州出现了出租车公司自行投资并运营充电站,同时实施强制性管理的情形。尽管这种做法导致监管成本高昂,但它一定程度上反映了出租车公司参与充电市场竞争的便利性。在太原,民营资本大量涌入,导致服务费用的异常激烈。这种局面在成本和便利性方面有利于司机,但同时也容易引发行业内的混乱。

专车的运营轨迹与单班出租车相似,也有少数与双班出租车类似。它们之间的主要区别在于公司化经营的出租车统一购买保险,且车辆作为营运性车辆所缴纳的保险费用远高于私家车。目前,像滴滴快车这样的服务多使用私家车,其运营成本(包括个人保险、车辆保险)明显低于出租车。以曹操专车为例,公司对司机实行统一管理并负责购买保险,车辆也按照营运车辆的标准缴纳车险。曹操专车的司机普遍在晚上 8~10 点下班,所以也具备夜间补电的可能。这些专车的日均行驶里程 170 千米,所使用的吉利帝豪 EV300 车型,满电状态下标称续航里程为 300 千米,实际上 250 千米的行驶距离是可以保证的。如果夜间将电池充满,大多数情况下能满足白天的行驶需求。

三、政府用车

政府各级机构的公务用车正在逐步进行改革,其主要原则是不再新增车辆资产,并且政策鼓励政府机构率先采用新能源汽车。政府用车的趋势是转向长期租赁模式。以新疆某市为例,政府计划租赁 500 辆电动汽车。然而,由于政府未能完成采购流程,转而选择购买用车服务,因此通过公开招标的方式,确定了 A 公司为中标企业。A 公司负责购买 500 辆电动汽车,并将它们分别出租给 100 个具体的使用单位,同时负责提供相应的充电服务。鉴于 A 公司没有足够的资金购买 500 辆车,它引入 B 融资租赁公司提供金融服务,以缓解 A 公司的启动资金压力。

政府长期租赁的车辆主要用于满足日常办公所需,因此这些车辆的运行模式呈现出以停车场为圆心的辐射状分布。停车时间主要依赖交流充电,同时辅以直流充电以应对临时的补电需求。鉴于直流充电桩的建设成本较高,合理规划直流充电桩的布局至关重要,这样既能确保车辆运行的需要,又能控制投资规模,从而降低运营成本。此外,由于政府公务人员为公务出行,个人不应承担充电费用,因此通常采取的模式是将充电相关费用与政府进行统一结算,或者采用包年的方式,对每辆车收取一定的充电服务费(此费用可以包含在租赁价格中),而电费则由政府各职能部门自行承担。由于政府办公场所出于安全考虑通常不对外运营,因此不能依赖政府用车的充电设施对外收费来盈利。如果能获得一些补贴,将有助于加速投资收回。

政府用车有可能与分时租赁相结合,以满足工作日办公需求和非工作时间的出行需求。在这种模式下,一些公务司机可能会选择开车回家。基于此,应主动考虑在公务司机的住所安装交流充电桩,以确保夜间充电的便利性。至于盈利模式,可以考虑采用分期付款的方式。

四、物流车

物流是一个相对复杂的车辆应用领域,常用车型包括厢式货车、中型客车和微型面包车。根据物流车的使用场景,物流可以细分为城际物流和城内物流。城内物流进一步可以划分为从分拣站到中心站的物流、从中心站到网点的物流,以及从网点到终端的物流。在物流行业中,也存在类似于分时租赁的模式,在不同的时间段,不同的驾驶员会根据各自所属的行业进行物流服务。此外,物流领域还涌现出众多运力平台,这些平台甚至供车辆租赁服务,并促进需求方与驾驶员之间的直接交易。

在过去的几年中,电动物流车的发展受到了路权和车辆性能等因素的限制,导致它们尚未广泛普及。个人或企业直接购买物流车的情况比较少见,而第三方租赁公司则持有大量资产,并将其出租给用户。这种情况的一个主要原因是潜在用户对新能源物流车缺乏信心，他们更倾向于通过租赁的方式来使用这些车辆，以便在不满意时能够随时终止租赁协议。由于用户对车辆的性能和可靠性持保留态度，他们往往不会特别关注充电设施的问题。相反，租赁公司为了确保服务质量，反而更加注重充电设施的建设和维护。

由于物流车辆在不同线路中扮演的角色不同，其运行轨迹也呈现出不同的特点。例如，个体经营司机通过网络平台接单，通常在白天运营，晚上则返回家中。在夜间，司机可能会选择在家充电，只有在白天行驶过多的情况下，才会去充电站充电。在这种情况下，为个体经营司机推荐家用交流桩，并可能采用私桩共享模式是最为合适的。例如，分拣站到中心站的物流车辆，由于车型较大，通常不适合开回司机家小区，只能停放在分拣站的停车场。鉴于分拣站通常占地面积较大，足以支撑建设专用充电站，且一旦车辆总数达到一定规模，财务投资的回收模型便变得简单易测。因此，在这种情况下，自建或采用建设-运营-移交（BOT）模式更为适宜。

在不同的应用场景下，充电服务运营商必须深入考虑车辆的所有权归属、使用者身份、停放位置、最终的费用承担者、各方之间的相互制约机制，以及买方的议价能力等因素。这些问题的答案将深刻影响物流车辆领域的充电服务场景。例如，A公司拥有车辆并出租给B公司，B公司为C公司提供物流服务。C公司通过招标程序，要求B公司提供包括司机在内的运输方案，并由C公司提供停车场地，同时规定B公司自行承担停车费用。在A公司的推荐下，D公司也加入了充电服务的行列。

五、环卫车

环卫车在城市中扮演着独特的角色，它们遵循固定的运行路线，工作强度相对较低，且停靠时间较长。考虑到城市环卫服务的管理方式分为政府统一管理（官办）和个人承包（民营）两种模式，因此在官办模式下，环卫车辆的采购通常通过招投标程序进行，车辆和充电设施通常是一并招标。而在民营模式下，个人业主更关注成本效益，他们会仔细比较车辆与充电桩的采购成本。如果能够降低个人业主的一次性投入,那么相关企业将能够赢得更大的市场份额。环卫车的典型续航里程一般是200千米,并且配备了交流充电口和直流充电口。根据实际使用情况,夜间进行交流充电足以满足环卫车第二天的运行需求。

六、房地产与物业

房地产与物业管理之间存在着多种联系。有的房地产项目自行持有并管理物业,有的在交付之后交由物业管理公司来运营。尽管两者之间存在紧密的联系,但是近年来,业主委员会的影响力逐渐增强,有时甚至会考虑更换物业管理方。相较于房地产开发商,物业管理通常被视为轻资产业务,因此从购买动机的角度来看,物业管理的吸引力显然不如房地产开发。

自从2016年5月住建部发布相关通知以来,地方政府纷纷响应,相继出台了相应的政策,要求新建地产项目必须配备充电设施,有些城市甚至规定了必须达到一定的安装比例才能完成项目验收。面对这一要求,房地产开发商纷纷而动,开始购置充电桩设备。他们有的选择单独购买设备,而有的则选择连同安装服务一并购买,这样做主要是为了明确充电桩资产的责任归属,确保投运的任何售后问题都可以直接联系单一供应商解决。

从车位权属的角度来看,房地产开发商在楼盘交付之后,其配套车位通常分为有以下五种类型:

(一)个人产权车位

车位一旦涉及产权转移,便成为个人的资产,此时房地产开发商与物业管理方都丧失了控制权。以上海为例,由于当地上牌政策的特殊性以及小区容量的限制,配备了充电桩的车位往往会出现溢价现象。因此,在销售阶段为车位配置充电桩,可以有效提升其附加价值。然而,一旦车位产权发生转移,物业管理方可能会以统一管理为由,要求安装指定品牌的充电桩。2016年在北京发生的一起法律案件中,一位业主在自己的车位上要求安装充电桩,遭到了物业的拒绝。该业主随后将物业告上法庭,并最终胜诉。

(二)物业整租车位

管理整租车位的方式相对直接,物业公司通常会与住户签订年度合同,以固定价格将车位出租。在整合充电设施的情况下,物业公司由于对此类车位拥有拥强的控制权,可以选定部分车位安装充电桩,并将车位连同充电桩一起出租,从而收取更高的费用。物业公司可以选择购买充电桩,或者与充电服务运营商合作,采用分期付款方式,以降低一次性投入。同时,物业管理方有权对充电桩实施收费管理,通过设定合理的电价来赚取充电差价。通过这种方式管理停车位,物业管理方可以向小区居民发布通知,居民提出申请后,再进行充电桩的安装,从而避免了不必要的前期投资和浪费。考虑到验收问题,房地产开发商可能会在交付验收前预先安装一定数量的充电桩。在这种情况下,开发商可以将这些带有充电桩的车位统一移交给物业管理,由物业管理方负责后续的统一管理。

(三)随到随停车位

通常情况下,小区会预留一小部分灵活机动的停车位,以供访客使用或作为居民的公共停车位。该部分车位实行收费制,其收费价格低于商业公用商业停车场。例如,在常州,小区停车位的夜间收费为5元。在这种收费机制下,如果能提高每小时停车位的收益,物业公司通常更愿意合作。在利润的激励下,该部分车位有可能转变为对外提供充电服务的充电车位,但是这取决于小区是否允许外来车辆进入,以及外来车辆是否会引起小区居民的不满。否则,物业公司可能会承受巨大的压力。

(四)民防设施车位

民防车位的产权不属于地产商、物业或住户,由于产权问题,在某些城市,这些车位无法获得补贴。如果施工审批不涉及线缆的问题,那么安装充电桩是有可能的。通常情况下,车位是用于长期租赁的,但是由于民防设施的特殊管理方式,为了规避风险,不宜过多介入运营,而应更多地采用销售方式交付,并向物业公司提供管理运维的经验,以帮助他们提高车位的收益。

(五) 绿化改造车位

在与房地产开发商的沟通中,我们发现了绿化改造车位这一独特的车位形态。原本小区规划中绿地面积需达到一定比例,但在交付验收阶段,开发商向政府展示的是一片绿化,但是交付之后,开发商却将这些绿化区域改造使其兼顾停车位功能,用于创收。这些停车位同样没有产权证,且在某些城市无法获得相应的补贴。尽管如此,物业方的盈利意图十分明显明显,如果能提高这些车位的每小时收益,同样有可能提供对外的充电服务。例如,在厦门的某一个小区,户外的一片停车位就是经过绿化改造之后的结果,这样的改造显著提高了车位的盈利能力,也解决了电动汽车充电的问题。

(六) 其他私家车停车位

私家车市场总体规模庞大,但是增长速度较慢,由于停车位供应不足,私家车停车位往往并不太固定。目前全国私桩安装比例大约60%,仍然有很多私家车需要解决充电难题。为解决这一问题,目前主要的策略是结合家用充电桩,发展目的地充电设施,例如,在写字楼、工业园区等地安装充电桩。此外,星星充电推出的私桩共享服务,也为私家车充电提供了一种新的模式。目前,私家车在销售时通常会标配家用交流充电桩,但主机厂的供货模式来可能会受到房地产开发商和物业管理方主动投资充电桩的影响。与运营市场相比,私家车市场目前是充电领域中最难以攻克的细分市场。根据上海电科所提供的数据,仅有15%的用户选择在外部充电站为私家车充电。考虑到私家车的日均行驶里程(约50千米),其大约需要10千瓦时的电量,由于全年依赖外部充电桩的需求较少,用电焦虑却相对较高,车主们希望能随处可充,他们对充电的预期远超于运营车辆,并且普遍对价格和服务持挑剔态度。因此,研究私家车的商业模式仍需时间,这里留给大家空间去思考。可以肯定的是,真正的服务差异化将在私家车领域出现,不排除高端车型将享受更优质、更贵的充电服务。

第四章

充电基础设施的商业模式

经过多年的探索,充电基础设施的发展仍处于初级阶段,面临诸多挑战,如电力供应难题、土地使用限制以及高昂的资金投入等。成功塑造和选择商业模式对于解决充电基础设施发展过程中遇到的问题至关重要,这将有助于推动充电基础设施的快速发展。国内外都在积极探讨充电基础设施的商业模式,深入分析典型案例并总结各种模式的特点。借鉴充电基础设施商业化运营的经验和教训,对于应对商业化运营中的各种挑战、促进充电基础设施可持续运营具有重要意义。

商业模式是一套概念性框架,它整合了一系列关键要素及其相互关系,旨在阐释特定实体的商业逻辑。该框架详细描述了公司向客户提供的价值主张,以及公司内部架构、合作伙伴网络、关系和资本等关键要素。这些要素共同作用于价值的创造、推广和交付过程,确保企业能够实现持续的盈利性收入。

在商业运营中,投资主体、经营管理策略以及盈利模式等都是需要重点考虑的因素。特别是在电动汽车充电基础设施的建设过程中,随着充电服务市场的扩展和社会资本的参与,确定合理的经营管理和盈利策略,对于加速推进充电基础设施的建设,以及进一步促进电动汽车产业的发展,具有重要的意义。

第一节　投资主体的确定

根据投资主体的差异,电动汽车充电基础设施的建设可划分为政府主导、电力企业主导、传统能源企业主导、电动汽车企业主导和其他社会企业等经济主体主导多种模式。

在政府主导的充电基础设施建设模式下,政府是投资主体,它还负责引导电力企业和充电设备生产企业参与充电基础设施建设和运营。本质上,政府的投资决定了充电基础设施具有半公益性质,这种模式通常为社会提供价格低廉的充电服务,带有明显的非营利性质。可以明显看出,这种模式更适合电动汽车推广初期的充电基础设施建设。

在电力企业主导的充电基础设施建设中,电力企业凭借其在电力生产和传输领域的优势,能够通过一体化的电力资源产销模式,充分挖掘电力资源相较于汽油和天然气的优势。此外,电力企业在充电技术和充电标准的制定上也具有先天优势。

与前述两种建设模式不同,由传统能源企业主导的充电基础设施建设模式最大的优势在于其庞大的加油加气站网络。在土地资源紧张的大城市,这些传统能源企业所拥有的加油加气站不仅享有土地资源上的优势,还具备优越的地理位置。此外,传统能源企业在管理加油加气站的过程中,积累了丰富的运营经验,并对汽车用户的能源需求有精准的把握,其中的一些经验可以为充电基础设施运营所借鉴。

此外,电动汽车企业、电池企业、房地产企业、车辆运营商以及其他社会企业等经济主体,同样可以主导充电基础设施的建设与运营。例如,在电池更换模式下,充电基础设施的运营要求电动汽车企业和电池企业在电池规格、充电标准及动力电池回收利用等方面进行合作。电动汽车企业还可以利用其面向广大用户群体的优势,在销售电动汽车的同时配套安装充电桩等基础设施,有效解决私人电动汽车用户的充电问题。而车辆运营商则可依托其规模化运营的优势,构建满足自身需求的充电网络,并向公众车辆提供充电服务。

第二节 生产关系的确定

在管理充电基础设施方面,针对不同的合作伙伴,可以采取全资、参股、控股、合作等多种经营策略。这些关系可能是动态的,比如最初可能是参股,后来转让股份,或者一开始是合作关系,后来转变为合资公司等。对于规模较大的充电基础设施项目,国家电网和一些大中型国有企业可能会选择全资投资。出资方还可以选择将充电基础设施交由专业的运营部门进行管理,并支付相应的管理费用,或者也可以选择将充电基础设施以承包的形式出售,并向承包方收取费用。

在充电基础设施建设涉及多个投资者的情况下,如果投资者之间存在控股或参股关系,充电基础设施的经营权可交由控股方或参股方管理,而其他投资者则可定期获得固定收益。为更好地吸引民间资本及其他社会资本参与充电基础设施建设与运营,部分充电基础设施的建设项目可采用特许经营方式或建设-运营-移交(BOT)模式。在这种模式下,经过授权的特许经营方在向授权方支付相应费用后,将负责充电基础设施的建设和运营。

上述几种经营管理模式各具特色,适用于不同的充电基础设施建设和运营场所。在电动汽车产业发展的初期,由于充电网络尚处于起步阶段,采用全资或控股的方式进行充电基础设施建设,能够确保充电基础设施和服务标准的统一,并有利于充电基础设施建设的协调和有序进行。随着电动汽车市场的逐步成熟,通过引入更多的民营资本等方式可以激发市场竞争,从而推动充电服务的良性发展。当充电需求达到较大规模时,参股和特许经营的方式能够较好地解决充电基础设施建设的融资问题,实现充电服务网络的快速覆盖。

随着电动汽车产业化的推进,充电基础设施商业模式变得愈发关键。与传统的加油加气站的商业模式不同,电动汽车的充电模式、充电服务网络的特性以及电池本身的特殊性使得充电基础设施的商业模式更加灵活。当然,充电基础设施的运营模式与传统加油加气站的商业模式仍有一些共同之处。例如,充电基础设施主要通过收取充电服务费和电网电价之间的差额来获取利润。在收费结算方面,充电基础设施不仅支持现金和信用卡等传统支付方式,还兼容类似于加油卡的充电卡,以便于资金的集中管理。然而,相较于传统支付方式,充电基础设施在整合支付宝、微信、手机 APP、银联闪付等新兴支付手段方面展现出更大的优势,这也是未来充电服务收费的发展趋势。因此,在选择充电经营方式时,应紧密贴合电动汽车用户的需求,采用更为合适的支付方式。

总体而言,生产关系的确定涵盖了资产产权的归属及其构成问题,同时也涉及经营权是否转移的问题。这两者相互交织,共同构成了商业模式的基础,而商业模式则作为上层建筑,主要解决投资回收的关键问题。

第三节　国外充电基础设施的商业模式

美国 ChargePoint 公司主要担任网络运营商的角色,负责维护整个充电网络,为电动汽车用户、充电基础设施业主以及充电设备制造商提供服务。此外,该公司还销售充电基础设施,并采用设计-建设-运营(Design-Build-Operation,DBO)的运作模式,为客户提供充电基础设施的设计、建设服务,并在建成后负责运营管理。

这种模式比较适合车队,也就是车辆运营商使用。同时,ChargePoint 利用其合作伙伴——一家融资租赁公司的资金优势,为客户提供灵活的融资解决方案。ChargePoint 的设备分为联网和非联网两种类型。当设备联网并享受平台服务时,ChargePoint 会向客户收取每年 240 美元的年费。在收费方面,ChargePoint 的通道费率大约在 3%～5%之间。此外,ChargePoint 还为大型充电基础设施运营机构提供充电监控、结算等软件服务平台的开发,并从中收取软件服务费用,具体的服务内容和收费方式将由双方协商确定。

在 2013 年 10 月，美国 Car Charging 公司从 ECOtality 公司那里收购了 Blink Network 超过 12 450 万个充电点，涵盖了 Level 2 交流充电站和直流快速充电站。Car Charging 公司采用与 ChargePoint 公司类似的运营模式，旨在连接充电基础设施的提供者与消费者的需求。其充电网络不仅与 Aerovironment、ChargePoint 等公司提供的充电设施兼容，而且支持多种型号的电动汽车，是一个开放的充电服务平台。Car Charging 公司的主要投资者涵盖了商业地产物业公司、停车场经营公司以及大型购物中心等。目前，在美国的充电网络市场中，ChargePoint 公司与 Car Charging 公司共同占据了主导地位。

美国的特斯拉公司建立了一个免费的超级充电站网络，该网络专门服务于特斯拉汽车，如 Model S 和 Model X。在 2017 年中期，特斯拉公司宣布将开始对车主收取充电服务费。紧接着在下半年，特斯拉宣布其在中国市场将兼容中国国家标准，这一举措被业界视为对中国新能源市场的让步，尤其是对充电基础设施的适应。据业界推测，当特斯拉 Model 3 在中国市场推出时，其车辆将仅配备国标充电接口。在中国，特斯拉汽车公司正致力于打造一个由三大要素构成的充电体系：核心城市的超级充电站，为跨城市旅行提供支持；广泛分布于大型商业地产的快速充电车位，保障市内通勤的便利性；住宅区内的慢速充电桩，作为最终的充电保障。在这一布局中，超级充电站主要通过租赁土地的方式展开，而针对商业和住宅区域的充电服务，特斯拉汽车公司选择了与开发商合作的模式来推进。"目的地充电"项目在大型商场、办公楼、酒店的车库中设立专门的充电车位，专门为特斯拉电动轿车提供服务。银泰集团是我国首家与特斯拉汽车公司签订目的地充电项目战略合作协议的企业，并且是该项目在中国的首个开发商合作伙伴。北京 SOHO 是首个配备了特斯拉充电车位的写字楼。为了确保特斯拉车主的充电体验，银泰集团在租用车位上投入巨大，只有高端车型才可能覆盖这些充电成本。从另外一个角度来看，业界认为特斯拉的这种做法也相当于一种广告投放，非常适合高端汽车制造商。

美国的电力能源企业，如 NRG 集团旗下的 EVGO 公司，以其独特的捆绑销售策略而著称。该公司将私人和公共充电服务整合在一起，以套餐形式提供给客户。EVGO 公司的运营模式主要有两种：一是为用户提供专用的充电基础设施，这些设施可安装在用户的住宅或工作地点；二是构建公共充电站。此外，EVGO 公司为消费者提供了月度套餐和按次收费两种计费选项。家庭充电基础设施无需安装费，用户以月套餐形式缴付设备租赁费。在工作场所、零售店等地点的充电基础设施，若为公用性质，则需与相关公司协商安装费用。此外，EVGO 公司也运营着一部分公用充电设施。

在英国，英格兰东北经济发展署联合当地多家机构，正式推出了 "Charge Your Car" 项目。该项目委托欧洲领先的电动汽车充电基础设施供应商 Electromotive，在试点区域提供四种不同规格的充电基础设施，并将它们安装在了适合不同使用场景的地点。目前，"Charge Your Car" 项目为电动汽车用户提供了会员制和非会员制两种使用模式。会员制用户在预先支付 10 英镑的会费后，便可在电动汽车示范区域内的公共充电基础设施享受免费充电服务。而非会员用户则可以选择通过信用卡或借记卡支付，每次充电的费用为 3.5 英镑或 5 英镑。

在法国，电动汽车充电站点的建设主要涉及法国博洛雷集团、法国电力公司 EDF 以及多家车企的联合体。关于公共场所充电设施的部署，法国计划从公共配电网的使用费中提取 1.45 亿欧元，这笔费用相当于用电户所支付的电费。EDF 和美国的 Better Place 公司将共同承担充电设施的安装任务。2010 年 5 月，法国高速公路公司与政府签订了为期 5 年的协议，旨在于高速公路服务区配备低速和半快速充电设备。

日本的充电基础设施建设展现出多样化的趋势，涉及电力公司、汽车制造商、停车场开发商以及商场物业管理等多个方面的投资者，他们致力于将充电设施与其他商业形态相结合。2013 年 7 月，丰田、日产、本田和三菱这四家领先的汽车制造商签订了合作协议，共同组建了 "日本充电服务公司（NCD）" 这一合资企业。他们联合宣布了在日本扩建电动汽车充电网络的计划，预计未来将兴建 12 000 座充电站，其中包括 4 000 座快速充电站和 8 000 座标准充电站。值得注意的是，日本冲绳的公共快速充站由专业运营商 AEC(Advanced Energy Company)负责建设和运营,这些充电站为电动车辆提供 40～50 kW 的直流快速充电,符合 CHAdeMO 标准。AEC 的快速充电站采用"无人值守、自助操作、远程监控"的创新管理模式。在服务收费方面,AEC 与汽车租赁公司达成了统一的定价策略:对于一周内的短期租赁用户,若使用快速充电基础设施,AEC 向汽车租赁公司收取每位租赁用户 2 000 日元的固定服务费(包含电费),并且在租期内不限充电次数;对于超出一周的长期租赁用户,AEC 收取 1 000 日元的注册费用,并在每次使用快速充电服务时收取 500 日元的服务费。AEC 还定制了充电卡,供电动汽车租赁用户使用。在快速充电站,用户使用充电卡,便能享受便捷的充电服务。至于那些分布在酒店、旅游景点等地方的交流充电桩,则由各自的业主单位负责管理。这些单位有权自行决定充电桩的对外开放时间及收费标准,并通过网络平台、运营商以及汽车租赁公司等渠道,发布站点位置、运营时间及服务详情等信息。

  德国 RWE 公司与能源供应商、企业、车队携手合作,提供定制化的解决方案。对于能源供应商,RWE 公司提供一系列充电基础设施,从基础的入门级设备到先进的智能快速充电设备,并且能够根据客户需求定制设备的外包装和品牌标识。此外,RWE 公司还提供一系列市场服务,包括设备远程维护、设施监控、账单处理、漫游服务、移动支付解决方案、现场安装与维护培训以及宣传策划等。对于企业,RWE 公司提供全面的客户身份验证与数据管理服务、故障诊断与排除的远程技术服务热线,以及硬件和软件的升级服务。对于车队客户,RWE 公司能够迅速部署便捷高效的智能充电基础设施,提供定制化的数据管理和账务系统,还提供车辆调度、租赁和合同管理等一站式服务。RWE 公司致力于使用清洁能源为充电基础设施供电,并统一采用 Type 2 标准的充电接口,在全欧洲范围内推广使用。对公共充电基础设施,RWE 公司提供的服务包括:智能终端充电点查询;在营业厅进行宣传、展示、租赁以及提供定制化解决方案;能源供应和测量服务;支持用户验证的访问控制;多渠道支付方式,包括银行卡、手机和网络支付等;提供欧洲范围内的充电漫游服务;用户服务和技术支持;为用户提供消费地点、账单等消费数据。RWE 公司针对不同的细分市场,提供了精准的解决方案,可以说其服务做到了细致入微。

丹麦的 Better Place 公司提供了一系列根据年行驶里程划分的充电套餐。对于那些年行驶里程超过 40 000 千米的用户,该公司提供了一个月付 399 欧元(约合人民币 3 660 元)的套餐;而对于年行驶里程不超过 20 000 千米的用户,则可以订购每月 199~249 欧元(约合人民币 1 827~2 286 元)的经济套餐。Better Place 公司的服务套餐内容丰富,主要包括以下六个方面:用户可无限次享受 Better Place 公司提供的电池更换服务以及公共充电基础设施服务;使用 Better Place 公司提供的公共充电站和私人充电桩进行充电时,用户无需支付电费;通过车载系统和网络软件,用户可获得个性化电量管理与导航服务;Better Place 公司保证提供足够的备用电池,以确保服务质量;用户可享受全天候的客户服务和支持;Better Place 公司还为用户提供在家庭停车位安装私人专用充电桩的服务。

综合分析表明,国外的充电基础设施商业模式注重用户需求,服务内容向个性化、定制化方向发展,服务渠道和收费机制更趋完善和多元化。随着用户接受度的提升和电动汽车销量的持续增长,电动汽车用户群体及其类型也在不断扩大。目前,已有企业、车队、公共设施、个人客户等在内的多种用户群体,他们不同的消费习惯、管理模式、运营策略等要求电动汽车充电基础设施供应商提供更加个性化、定制化的服务内容,以及更加完善的、多元化的服务渠道和收费机制。针对企业集团用户和个人用户,国外发达地区充分考虑用户需求,为用户定制个性化解决方案,并提供标识设计、客户管理、数据分析等增值服务。在收费机制方面,主要发展了包月、包年和按次收费三种模式,服务渠道则涵盖了营业厅、智能终端、网络和银行等多种途径。

第四节 国内充电基础设施的典型商业模式

在第一章中,我们探讨了非营利性基础设施商业模式的构想,特别强调了资产与运营分离的模式,这反映了对权属关系的明确划分。2017年,国内充电基础设施领域见证了大量租车位或租地建设公共充电设施的商业实践,这是一种纯粹的商业模式。通过租金,充电运营商与场地所有者之间的关系被简化为短期合作,从而赋予了运营商对车位拥有了更强的自主权。本章还将介绍几种涉及双方或多方谈判的模式。

第五节　PPP市政工程模式

PPP(Public-Private Partnership)即公私合作模式,是一种政府与社会资本合作开展基础设施建设或其他公共服务项目的模式。在这种模式下,政府和社会资本共同承担项目风险,分享项目收益。以安庆市的充电基础设施项目为例,该项目采用区域特许经营模式运作。政府方的出资代表与选定的社会资本合资成立项目公司,负责安庆市主城区及周边一市六县的新能源汽车公共充电基础设施的规划、设计、投融资、建设和运营维护工作。在特许经营期限内,项目公司需建设700个公共充电桩,并在期满时,将设施完好、无偿地移交给政府方。在此期间,项目公司享有独家经营权,但必须遵守规划和政府方指令,履行普遍服务义务。

在合作期间,项目公司有权向公共充电基础设施用户收取电费和充电服务费。若项目公司无法收回其投资及合理收益,政府方将根据绩效考核结果提供可行性缺口补贴。同时,鼓励项目公司开展充电增值服务,并以市场化机制积极参与居民区及单位内部专用充电设施的投资、建设或运营维护,但需明确政府方不会为此类业务提供可行性缺口补贴。此外,鼓励中选社会资本(或其单独设立或与他人合资的公司)在安庆市开展新能源汽车的推广经营业务,包括销售、租赁、广告、信息服务等,但政府方同样不会为这些业务提供可行性缺口补贴。

该项目最终由三家合作公司共同组建的联合体公司负责承接。特许经营期从PPP项目协议签署并生效之日起,至第十三年同一日期的前一日止。特许经营区域范围覆盖安庆市主城区全域,包括大观区(含高新区)、迎江区、宜秀区和开发区;同时,还包括市辖的一市六县,即桐城市、宿松县、怀宁县、潜山县、岳西县、太湖县和望江县。在 2016 年,该联合体公司负责建设的了 700 个公共充电桩,每县/市分配了 100 个。本项目的竞价标为 X,$X=R+80\%$,这里的 R 指的是社会资本投资回报率,即(磋商报价递交截止日)五年期以上人民币贷款基准利率的上浮比率。中标磋商报价 X 为 70%,意味着社会资本投资回报率 R 相对于(磋商报价递交截止日)五年期以上人民币贷款基准利率的上浮比率为 -10%。本项目公共充电基础设施将采用"使用者付费+可行性缺口补贴"的回报机制。

第七节　融资租赁模式

星星充电首创的融资租赁模式,是在美国 ChargePoint 公司模式的基础上发展起来的新型模式。该模式省去了融资租赁公司对购买者进行评估的步骤,直接承担起融资租赁的职责,与工程机械领域的融资租赁或分期付款异曲同工。在面临支付风险时,该模式能够锁定设备,使其无法工作,从而失去使用价值。尽管星星充电并没有相关的金融牌照,但这种模式实际上是对传统付款方式的一种变通,尤其适合中大巴租赁公司采用。

为了优化车辆租赁服务,租赁公司必须在城市中构建充电网络,并在用户的停车点安装充电设施,同时也要考虑为用户降低使用成本。从成本效益角度考虑,自建充电网络并提供免费的充电服务对租赁公司而言似乎更为理想。然而,建设充电网络并非租赁公司的核心业务,这将额外增加其财务负担,且这也并非这些公司所擅长的。因此,汽车租赁公司与充电服务公司之间形成了既紧密又微妙的合作关系。

实际上,充电运营公司更倾向于租赁公司或最终用户直接购买设备。但是,为了减轻最终用户的经济负担并降低前期投入成本,租赁模式和融资租赁模式在实践中应运而生。与租赁充电桩相比,融资租赁模式更为灵活,可以与充电量结合,采用按照每度电计费的还款方式。不过,这种模式的不足之处在于,若充电量不足,会延长回收周期。此外,融资租赁模式下,用户往往将充电桩视为私有财产,不太愿意与他人共享,导致用户在不使用时常会关闭电源。鉴于试点阶段出现的收款远低于预期的情况,融资租赁模式并未得到广泛的应用。

第八节　众筹合作模式

星星充电首创的众筹合作模式,为充电基础设施的投资与建设开辟了新途径。这一模式不仅解决了充电基础设施建设过程中面临的土地和电力资源等难题,还有效整合了社会上的闲置资源,彰显了共享经济的特征。星星充电所倡导的"众筹建桩"模式涵盖了以下几种商业模型:

场地众筹模式。对于那些拥有场地但缺乏充电桩的合作伙伴,由场地方提供充电基础设施建设场地,星星充电负责提供充电桩和筹集其他资源,并与场地方收益分成(具体分成比例将由双方商定,初期主要是充电服务费)。随着项目的推进,场地众筹模式逐步演变,场地方可能转变为投资者,或者有投资者承揽场地后再合作,甚至参与部分投资。总体而言,根据各方的贡献大小,收益分成比例可协商确定。

平台众筹模式。对于那些既有场地又配备充电桩的主体,星星充电计划利用其现有的APP充电共享平台,将这些主体的充电桩整合到这个平台上,从而实现资源共享。用户通过"星星充电"APP,能够轻松定位这些充电站点和充电桩,实现便捷充电。在此基础上,星星充电进一步推出了开放平台,包括互联互通在内,为其他充电桩运营商提供接入平台的技术支持。

投资众筹模式。对于缺乏场地和没有充电桩的主体,星星充电与之合作建设充电基础设施,或提供电力设计和规划服务,由对方负责充电基础设施的建设工作。最终,所有设施将在统一的平台上进行管理,从而避免了投资者在开发平台的重复劳动。这使得充电设施的运营更高效、更专业。

第九节 挑战及趋势

从整个电动汽车产业链来看,不同的参与主体有不同的利益诉求。车企致力于扩大车辆销售规模获取利润,消费者则期望在车辆使用过程中不增加额外成本。政府则承担着政策制定和资源调配的角色,其主要目标是推扩电动汽车的使用,以促进能源结构的调整、节能减排、治理污染等,与此同时,充电基础设施运营商则寻求通过有效的商业模式来实现盈利。然而,目前这些运营商普遍面临亏损,这阻碍了电动汽车产业的商业化进程和可持续发展。因此,充电基础设施的商业模式成为产业链中的一个核心问题。可以说,解决了充电基础设施的盈利模式问题,就可以盘活整个电动汽车产业链。

目前,充电基础设施的建设主要面临以下几个难题:

(一)电动汽车及其充电技术的不确定性较大

电动汽车产业尚处于发展初期,动力电池及充电技术等关键领域发展日新月异。由于不同技术方案所对应的充电需求存在较大差异,增加了充电基础设施建设与管理的难度,加大了投资运营的风险,影响了社会资本参与的积极性。例如,随着充电功率的不断提升,先前的投资可能面临过时的风险;关于换电模式的讨论此起彼伏,它与传统充电桩分别代表了不同的发展方向;无线充电技术的发展可能会对传统充电桩构成替代威胁等。

(二)充电基础设施建设难度较大

建设充电基础设施需要综合考虑规划、土地使用、电力供应等关键因素,并在实际操作过程中协调多个管理部门和相关企业。在社会停车场建设充电基础设施时,由于涉及众多利益主体,协调工作难度大。在私人乘用车领域,即便是在具备安装条件的居民小区,物业公司有时也会不予配合;大量停车位的不固定性也使得安装条件受限。此外,充电基础设施的建设还可能需要对配电网、道路、绿化等进行改造,有时甚至涉及文物保护问题,这些因素都显著增加了建设的难度。

(三) 运营商实现盈利较难

充电基础设施的建设投资大、利润低、回收期长,这导致运营商在投资建设方面的积极性不高。在城市公交、出租车等特定领域,规模化效应明显,财务模型可预测,商业模式也积累了一定的经验。然而,在面向社会公众的私家车公共充电服务领域,由于电动汽车的分布不均衡,充电设施的使用率不稳定,导致运营企业普遍处于低盈利甚至亏损状态,即便按照各地的最高标准收取充电服务费,投资的回收期也很长。

(四) 市场运营中存在一定的无序状态

现阶段面对电动汽车充电基础设施的发展前景,一些技术、经验和资本实力不足的企业盲目无序地进入该领域,导致规模经济性较差和充电服务资源的过度分散。此外,这些企业之间还出现了恶性竞争和过度夸大宣传的问题,给充电基础设施市场的初期发展带来了不利影响。如果不加以引导,可能会严重拖慢充电基础设施市场的发展进程。

随着网络规模的扩大、用户类型的多样化、用电成本的降低,以及通过提供增值服务导致单位收入成本的逐渐下降,电动汽车的关键技术指标如充电倍率、续驶里程、循环寿命、百公里能耗的改善等,充电基础设施的运营效率、效益将持续提升。商业模式将基于双轮驱动、车网协同、专业运营、整体方案的总体思路,由充电基础设施运营商、政府部门及产业链上下游企业等各方共同协作,致力于扩大市场规模、降低运营成本和提高运营收入,以促进可持续商业模式的形成。对于公交、出租、物流等公共服务领域,将采取公共领域切入、建设骨干网络、逐步对外开放、延伸至其他领域乃至公共网络的策略来构建城市充电服务网络。在条件允许的情况下,网络将向社会公众开放,以提高网络利用率,增加运营收入。

运营商将进一步探索在充电基础设施运营中融入互联网、智能电网、光伏风电等新能源技术的应用，以提高充电基础设施的运营效率，降低运营成本，并拓展包括信息服务、能源服务在内的增值服务。通过这些措施，运营商将增强充电网络的价值，并推动充电网络的可持续运营。

第五章

充换电设施运营情况分析

第一节 充换电设施历年运营概况

图 5-1～图 5-3 展示了上海市近五年来年度充电量、订单量以及总充电时长的变化趋势和年环比对比。观察这些数据指标及其变化趋势,可以发现 2022 年在充电量、充电时长和订单量方面均创下了历史新高。这些指标的年度整体变化趋势较为接近,上半年与 2021 年相比,年环比增速显著放缓。具体而言,2022 年相较于 2021 年,充电量环比增长了 23.45%,订单量环比增长约 38%,充电时长环比增长约 23%。

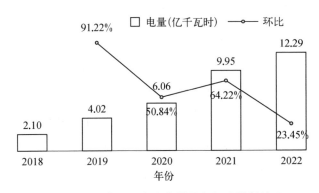

图 5-1 上海市历年充电量及年环比增长情况

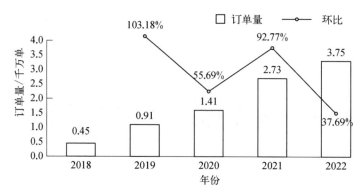

图 5-2　上海市历年订单量及年环比增长情况

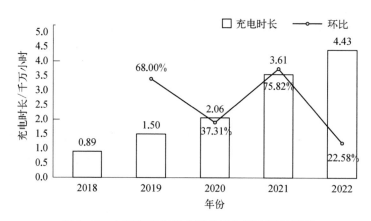

图 5-3　上海市历年充电时长及年环比增长情况

第二节　本年度运营情况分析

图 5-4 和图 5-5 分别展示了 2021 年和 2022 年上海市单月充电量与订单量的情况。通过对比可以发现，2021 年充电量的月度峰值出现在 12 月，达到 1.12 亿千瓦时，而订单量的月度峰值同样在 12 月，为 331 万个。进入 2022 年，充电量的月度峰值移至 8 月，达到 1.48 亿千瓦时，订单量的月度峰值也在 8 月，为 453 万个。除了 2022 年 4 月、5 月、6 月和 12 月，其余月份的订单量和用电量均实现了约 30%～50% 的增长。特别是 6 月份，充电量和订单量的增长率均突破了 100%。

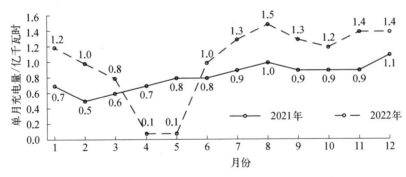

图 5-4 上海市 2021 年、2022 年单月充电量变化情况

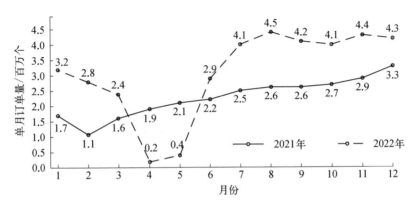

图 5-5 上海市 2021 年、2022 年单月订单量变化情况

根据不同的站点类型,市级平台整理并汇总了 2022 年度各类型站点的累计充电量与订单量数据,详见表 5-1 和表 5-2。

表 5-1 各类型站点充电量情况

站点类型	2021年电量/千瓦时	占比/%	2022年电量/千瓦时	占比/%	日均电量/千瓦时
公用	543 416 853	55.24	767 552 809	62.45	2 102 884
公交(专用)	424 331 616	43.14	377 370 974	30.70	1 033 893
换电(专用)	—	—	57 232 986	4.66	156 803
小区(专用)	8 877 573	0.90	9 591 077	0.78	26 277
单位(专用)	5 242 254	0.53	7 702 155	0.63	21 102

表 5-2 各类型站点充电订单量情况

站点类型	2021年订单量/千瓦时	占比(%)	2022年订单量/千瓦时	占比/%	日均订单量/千瓦时
公用	21 615 035	80.62	31 075 932	82.79	85 140
公交(专用)	4 112 244	15.34	3 751 607	9.99	10 278
换电(专用)	—	—	1 353 604	3.61	3 709
小区(专用)	623 251	2.83	742 193	1.98	2 033
单位(专用)	139 288	0.87	417 319	1.11	1 143

注：由于2022年才新增换电站类型的站点，2021年并无换电站类型，故2021年换电站产生的电量、订单、充电时长均计入公共站点类型中。2021年，换电站实际累计电量1 357 521千瓦时，累计订单309 892个，累计充电时长为388 438小时。

2022年，公用站点、公交站点的累计充电量占比达到93%。具体来看，公用场站在2022年的充电量达到了7.68亿千瓦时，相较于2021年的5.43亿千瓦时，实现了41%的环比增长。公交场站在2022年的充电量为3.77亿千瓦时，与2021年与4.24亿千瓦时相比，出现了11%的环比下降。小区场站和单位场站均有不同幅度的增长。单位类场站在2022年的电量消耗达到770万千瓦时，相较于2021年的524万千瓦时，实现了47%的增长。同样，小区场站在2022年的充电量也攀升至959万千瓦时，与2021年的888万千瓦时相比，环比增长了8%。此外，公用站点的订单量显著增加，这表明全市公共区域的充电需求持续增长。

如图5-6所示，剔除4月和5月的数据后，对比2021年与2022年公用及公交类场站的充电量，可以发现，公用场站的充电量从4.68亿千瓦时增长至7.54亿千瓦时，增长率达到61%，这一增幅明显超过了2022年全年12个月公用场站总电量41%的增长。公交场站剔除4月、5月电量，从3.58亿千瓦时增长到3.74亿千瓦时，增幅为4%，在4月和5月期间，与上一年度相比，公交充电量下降了11%。

充换电设施利用率由公式(5-1)定义，某一站点的利用率可通过计算该站点内所有充电桩口利用率的算术平均值来表示。

$$R = \frac{1}{n} \sum_{i}^{1} \frac{t_i}{O_i} \qquad 5-1$$

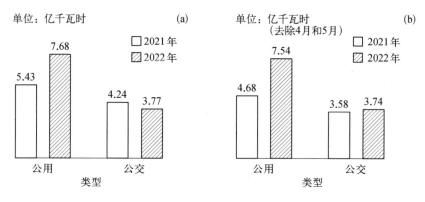

图 5-6 (a) 公用、专用场站全年充电量；(b) 公用、专用场站去除 4 月、5 月充电量

式中，t_i 为某站点第 i 个充电枪口在一年内的充电时长；O_i 为某站点第 i 个充电枪口的实际运营时长；n 为站点中充电枪口的数量。

2021 年与 2022 年按站点类型统计的充换电设施利用率数据，见表 5-3。从表中可以看出，相较于 2021 年，2022 年公用站点、单位站点、小区站点的充电时长和利用率有较明显的增长，公交站点出现了较大幅度的下降。

表 5-3 各站点类型充电时长及利用率情况

站点类型	2021 年充电时长/小时	2021 年利用率/%	2021 年充电时长/小时	2022 年利用率/%
公用	23 354 353	3.77	30 755 654	4.30
公交（专用）	7 420 530	8.00	6 483 773	6.64
小区（专用）	2 927 436	3.52	3 200 239	4.19
单位（专用）	642 950	1.59	1 573 236	2.03

根据设备枪口利用率分析，如图 5-7 所示，宝山区拥有较多优质的大型充电场站。在各类设备利用率方面，宝山区的表现均为全市最佳，显著超出全市平均水平。尽管浦东新区拥有最多的设备数量，其各类设备的利用率却不及宝山区，但整体上保持了相对均衡的状态，且略高于平均水平，无明显短板。相比之下，设备数量排名第二的闵行区，在专用直流

设备的利用率方面低于全市平均水平，表明在设备运营管理与规划上有较大的提升空间。

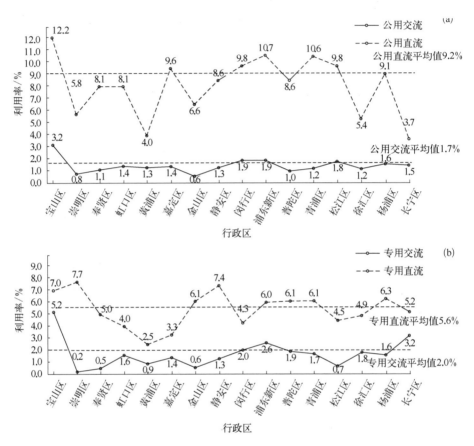

图 5-7 2022 年各行政区交流/直流公共充电设施的利用率情况

第三节　企业充换电设施运营情况分析

如图 5-8～图 5-11 所示，排名前十五的公用站点充电量中，上海特来电和星星充电以显著的优势位列榜单的前两位。此外，星星充电在小区和单位专用站点的充电量表现同样出色。随森通智达主营方向为小区专用充电桩，在小区专用桩的充电量排名中位居第二。在公交专用站点

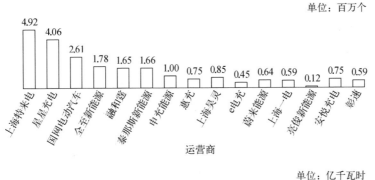

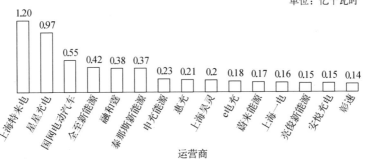

图 5-8　2022 年公用充电量排名前十五位的运营商分布情况

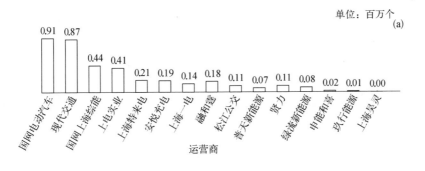

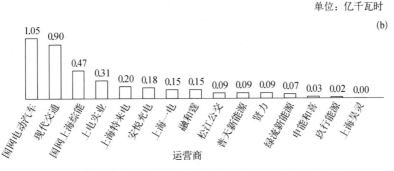

图 5-9　2022 年公交充电量排名前十五位的运营商分布情况

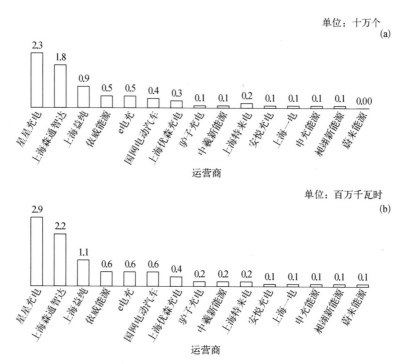

图 5-10　2022 年小区专用充电量排名前十五位的运营商分布情况

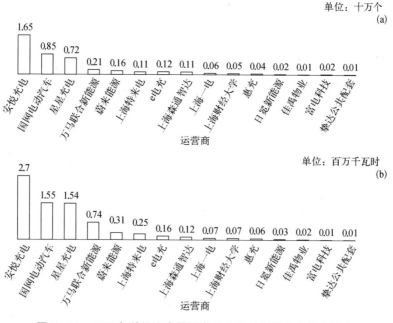

图 5-11　2022 年单位充电量排名前十五位的运营商分布情况

充电量排名中,国网电动汽车、现代交通和国网上海综能位列前三。其中,现代交通和国网上海综能这两家运营商所运营的站点均为公交专用站点。

第四节 城区服务半径分析

《上海市充(换)电设施"十四五"发展规划》明确指出,需要提升充电网络的服务覆盖范围,即中心城区(外环以内)、新城建成区应基本实现公共充电网点1千米服务半径的全面覆盖,而城市其他建成区则力争达到公共充电网点1.5千米服务半径的全面覆盖。

将上海全市城区划分为五个不同的区域:内环内、内环与中环之间(内中间)、中环与外环之间(中外间)、外环外的新城建成区(外环外新城)、外环外的非新城建成区(外环外非新城)。在外环外的新城建成区中,包括了嘉定新城、青浦新城、松江新城、奉贤新城、南汇新城五个新建城区,而外环外的非新城建成区域则涵盖了除这五大新建城区之外的其他外环区域。

如图5-12所示,全市城区的公用场站服务半径范围从内环内的0.14千米到外环外非新城建成区域的2.1千米不等。上海市外环内的

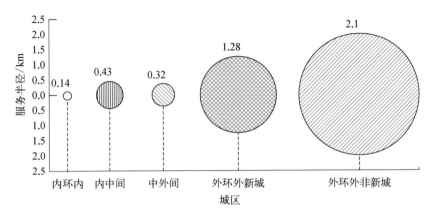

图5-12 2022年不同城区公用场站服务半径示意图

公用场站服务覆盖范围基本上能够达到《上海市充(换)电设施"十四五"发展规划》要求,在外环以外的新建及非新建城区,服务覆盖范围与《上海市充(换)电设施"十四五"发展规划》所提出的要求仍存在一定的差距。

从图中可以很明显地看到,城市中心附近的公用场站服务半径较小,随着距离城市中心的增加,服务半径相应地扩大。

第六章

车辆充换电特征研究

第一节 启动充电时段分布

上海市的充换电站点主要为公用站点、小区共享站点、单位专用站点等类型。通常情况下,不同类型的站点面向的目标用户群体也不同,而这些不同的用户群体在充换电行为上往往展现出各自的特征。

由图6-1~图6-4所展示的不同场站类型的分时启动订单数据,可以看出,公用场站主要面向出租车、网约车等营运车辆以及私家车用户。在一天中,公用场站在早晨6点至7点期间达到订单量的最低点,随后从

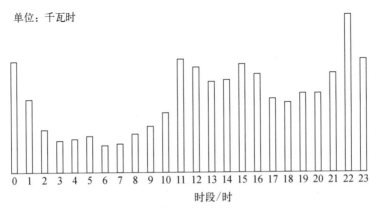

图6-1 公用场站启动充电时段分布情况

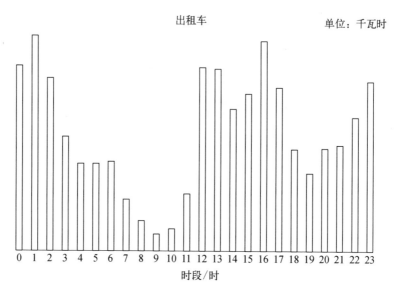

图 6-2 出租车启动充电时段分布情况

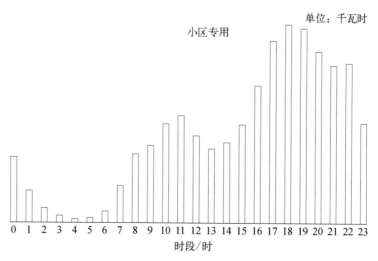

图 6-3 小区专用场站启动充电时段分布情况

8点开始,订单量逐渐回升。公用场站的启动时段分布与人们的作息时间呈现出较为显著的相关性。

出租车司机通常使用公用场站,因此他们的充电高峰时段与公用场站的使用高峰时段相吻合。公用场站在上午11点至下午4点迎来第一

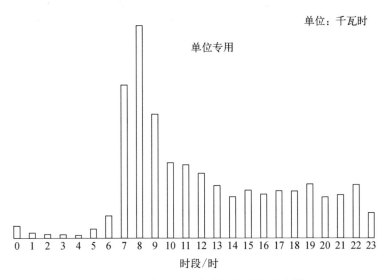

图 6-4 单位专用场站启动充电时段分布情况

个高峰,而在晚上 10 点达到全天的最高峰。相比之下,小区专用场站的使用在早上 7 点开始增加,中午 12 点至下午 1 点有所下降,但到了傍晚 5 点至晚上 10 点则进入全天的高峰期。而单位场站通常仅面向各个单位内部员工开放,因此充电高峰时段与工作时间较为一致,早上 7 点至 9 点是启动充电的高峰时段。

第二节 次均充电时长

不同类型的场站和设备在次均充电时长上表现出显著差异(见表 6-1)。具体而言,次均充电时长最长的站点类型是单位场站的交流设备,次均充电时长为 284 分钟,约 4 小时 44 分钟。相比之下,次均充电时长最短的是公用场站的直流设备,仅为 47 分钟。可以看到,公用交流、小区交流、单位交流设备的次均充电时长与充电时长中位数相差较大,且其次均时长大于其充电时长中位数,这表明存在较多的单次充电时间较长的订单。

表 6-1 各类型场站次均充电时长

站点类型	设备类型	2022年总充电时长/万小时	次均时长/分钟	订单充电时长中位数/分钟
公用	交流	825	233	155
公用	直流	2 267	47	44
公交	交流	0.56	117	115
公交	直流	648	104	90
小区	交流	329	270	186
小区	直流	2.85	71	59
单位	交流	144	284	208
单位	直流	16	73	50

第三节 次均充电量

不同类型的场站和设备在用户次均充电量上表现出显著差异（见表6-2）。从次均充电量上看，公交场站的直流设备位居首位，单次订单平均产生的电量为101千瓦时，远高于其他场站设备类型。相比之下，公用场站的交流设备的次均电量最低，平均单次订单电量仅12千瓦时。从所有场站设备类型来看，次均充电量与充电量中位数的差异不大，这表明单次充电量都较为集中，单次充电量较小或较大的极值订单较少。

表 6-2 各类型场站次均充电量

站点类型	设备类型	总电量/万千瓦时	次均电量/千瓦时	单次充电量中位数/千瓦时
公用	交流	2 565	12	8
公用	直流	74 308	26	22
公交	交流	22	77	73
公交	直流	37 737	101	102
小区	交流	917	13	8

续 表

站点类型	设备类型	总电量/万千瓦时	次均电量/千瓦时	单次充电量中位数/千瓦时
小区	直流	50	21	18
单位	交流	396	13	8
单位	直流	407	32	23

第四节 电费单价

截至2022年,上海市实际运营的场站共7 616座,其中5 335座场站推送了站点费率信息,占全部正常运营场站的70%。场站按照城市内环、中环与外环之间(中环)、外环的划分,被细划分为内环内、内环与中环之间(内中间)、中环与外环之间(中外间)、外环外四个区域。各区域充电站点每千瓦时的电价、服务费散点图,如图6-5~图6-8所示。

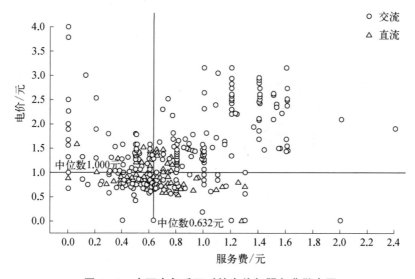

图6-5 内环内每千瓦时的电价与服务费散点图

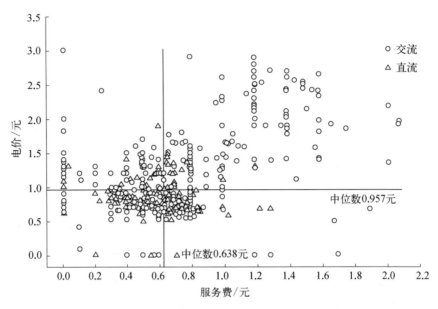

图 6-6 内中间每千瓦时电费与服务费散点图

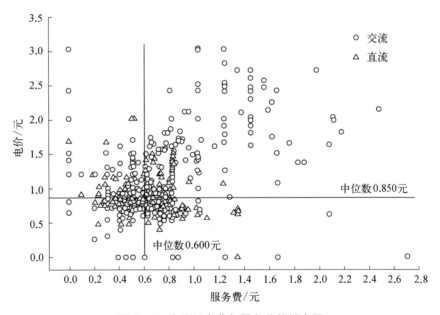

图 6-7 中外间电费与服务价格散点图

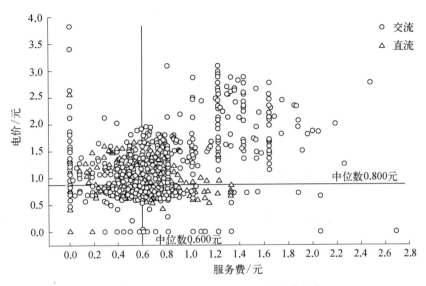

图 6-8 外环外每千瓦时电价与服务费散点图

在内环内区域，电价的中位数为 1.000 元/千瓦时，服务费的中位数为 0.632 元/千瓦时。内中间区域的电价中位数为 0.957 元/千瓦时，服务费中位数为 0.638 元/千瓦时。中外间区域的电价中位数为 0.80 元/千瓦时，服务费中位数为 0.600 元/千瓦时。外环外区域的电价中位数为 0.800 元/千瓦时，服务费中位数为 0.600 元/千瓦时。

图 6-9～图 6-11 所示 2022 年上海市为全市公用、小区共享、单位专用场站的每千瓦时电价、服务费散点图。2022 年，全市公用场站的电价中位数为 0.890 元/千瓦时，服务费中位数为 0.600 元/千瓦时。小区共享场站的电价中位数为 0.680 元/千瓦时，服务费中位数为 0.636 元/千瓦时。单位专用场站的电价中位数为 0.705 元/千瓦时，服务费中位数为 0.610 元/千瓦时。从数据中可以看出，公用场站的电价水平总体来说是最高的，小区共享场站电价水平最低，这主要是因为公用场站多为商业用电，而小区共享场站通常为民用电。然而，尽管小区共享类场站的服务费水平是三类场站中最高的，这与电费成本的差异是相符合的。

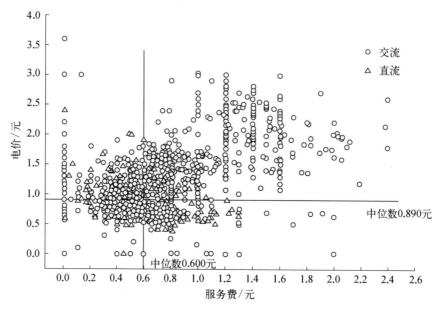

图 6-9　公用场站每千瓦时电价与服务费散点图

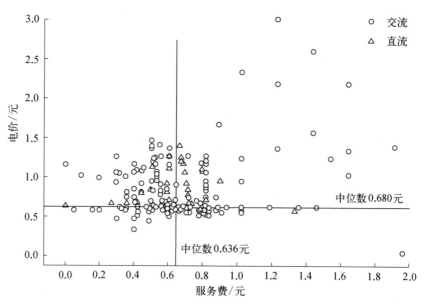

图 6-10　小区共享场站每千瓦时电价与服务费散点图

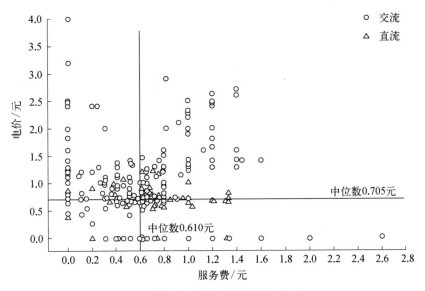

图 6-11　单位场站千瓦时电价与服务费散点图

第七章

专 项 分 析

第一节 联联充电专项分析

截至 2022 年 12 月 31 日,"联联充电 Pro"共上线 809 个站点,配备了 1.01 万个直流快充桩。其中,快充桩的利用率最高,达到了 22.6%。软件用户注册人数已超过 38 万、平均每日活跃用户数超过 1.8 万人。若排除 4 月和 5 月,平均每日活跃用户数可达 2.1 万人。在 2022 年,通过"联联充电 Pro"启动的充电总量约 2.89 亿千瓦时,订单数量约为 1 320.7 万个,相较于 2021 年,充电量增长了 53.6%。此外,"联联充电 Pro"在全市公用类型场站充电量中的占比达到了 37.7%,相较于 2021 年的 35%,实现了显著增长。

如图 7-1 和图 7-2 所示,4 月至 6 月期间,"联联充电 Pro"启动的订单和电量相对较低。然而,从 7 月到 12 月,"联联充电 Pro"启动的订单数和电量则表现出较为稳定的态势。在 8 月份,充电量达到全年的最高值,为 3 696.6 万千瓦时,订单量为 167.1 万个。除去 4 月和 5 月,2022 年度"联联充电 Pro"的月均启动电量约 2 853.6 万千瓦时,月均订单量超 130 万个。

目前,"联联充电 Pro"的主要使用群体可以分为三类:出租车用户、网约车用户和普通车用户。如图 7-3 所示,截至 2022 年年底,出租车用户共 2.14 万人,占用户总数的 5.64%,充电量 1.60 亿千瓦时,占总充电

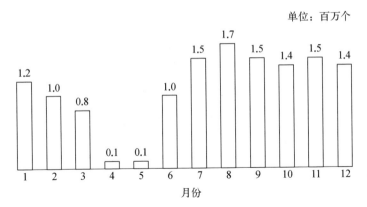

图 7-1 2022年"联联充电 Pro"每月订单量统计

量的 55.56%。相比之下,2021 年出租车用户的充电量占比为 65.6%。网约车用户共 10.39 万人,占用户总数的 27.32%,充电量 0.87 亿千瓦时,占总充电量的 30.28%。普通车用户共 25.51 万人,占用户总数的 67.05%,充电量 0.41 千瓦时,占总充电量的 14.17%。

"联联充电 Pro"各类用户充电行为如表 7-1 所示。普通车用户单均充电量最低,为 19.1 千瓦时,次均充电时长为 76 分钟。相比之下,出租车用户与网约车用户的单均充电量、充电时长较为接近,出租车用户的单均充电量为 22.0 千瓦时,网约车用户为 21.2 千瓦时;单均充电时长分别为 59 分钟和 62 分钟。在未考虑补贴与优惠的情况下,普通车用户的单均价格最低,为 20.4 元,而网约车用户的单均价格最高,23.1 元。由于普通车用户没有充电优惠,扣除折扣后,普通车用户的单均价格最高,为 20.4 元;出租车用户在折扣后的单均价格最低,为 14.9 元;网约车用户折扣后的单均价格为 20.2 元。

表 7-1 "联联充电 Pro"各类用户充电行为

用户类型	单均电量/千瓦时	单均时长/分钟	单均价格/元	折扣后单均价格/元
出租车司机	22.0	59	22.5	14.9
网约车司机	21.2	62	23.1	20.2
普通车司机	19.1	76	20.4	20.4

联联一直专注于为出租车用户提供优质服务,并致力于为其他市民提供便捷的充电服务。从图7-2和图7-3中可以看出,自2022年7月起,出租车用户的充电量、联联充电的总充电量均呈现出稳定的增长态势。尽管如此,受政策引导影响的出租车用户充电量占比呈现出降低的趋势,这也说明"联联充电Pro"服务的用户基础也在逐步扩大,将持续为公众提供更优质的充换电服务。

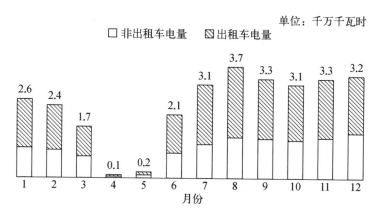

图7-2 2022年"联联充电Pro"每月充电量统计

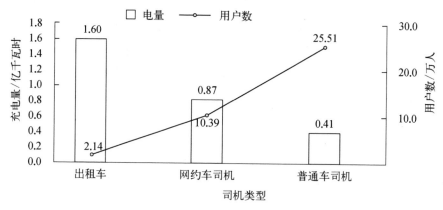

图7-3 2022年"联联充电Pro"各类型用户数及充电量

第二节 示范项目专项分析

上海市政府大力发展新能源充电行业,目前为 2020 年、2021 年、2022 年三个年度的出租车和小区示范站建设提供了支持,取得了显著的成效。自 2021 年起,充电桩及其示范站点的建设连续两年被纳入上海市为民办实事项目。截至 2022 年 12 月,2022 年度已建成 29 个出租车示范站点,39 个小区示范站点,总计 68 个示范站点。示范站点地理位置分布如图 7-4 所示。

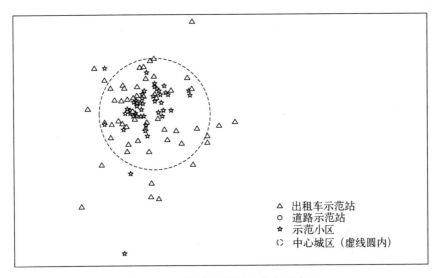

图 7-4 上海市示范站点分布示意图

在出租车示范站的建设方面,运营商建设的积极性较高。目前,已建成的 56 个出租车示范站,涉及的运营商数量达到 23 家,远高于参与示范小区建设的运营商数量。运营商的出租车示范站点建设情况如图 7-5 所示,其中,在建设出租车示范站方面,上海特来电表现尤为突出,共建设了 19 个站点。融和霆(玖行能源)建设了 5 个站点,中万石化建设了 4 个站点,国网电动汽车建设了 4 个站点,煜砺新能源建设了 3 个站点。

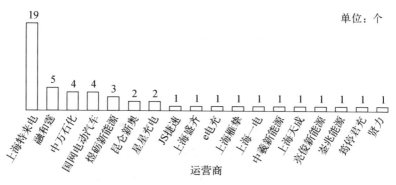

图 7-5 各运营商出租车示范站建设数量

在示范小区建设情况方面,负责建设的运营商数量较少且分布较为集中。目前,已建成的 68 个小区示范站由 11 家运营商承建,远低于参与出租车示范站建设的运营商数量。实际上,超过 80% 的示范小区项目是由 3 家主要运营商负责建设的。各运营商在示范小区建设方面的数量分布如图 7-6 所示,其中,国网电动汽车建设的示范小区数量最多,达到 32 个,其次是 e 充电,共建设了 18 个,上海特来充电、挚达公共配套、上海益纯分别建设了 3 个。

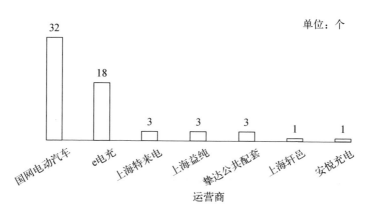

图 7-6 各运营商示范小区建设数

2022 年出租车示范站的站点总充电量排名,如图 7-7 所示。在宝山区的出租车示范站运营方面,多个站点表现优异。宝山铁力站示范站年度充电量排名第一,宝山联长路出租车示范站排名第二,宝山宝安公路

188号站年度充电量排名第三。其中,联长路出租车示范站、宝山宝安公路188号站均由融和霆运营管理(玖行能源)。

排名	站点	运营商	电枪数/个	充电量/万千瓦时	单枪日均充电量/千瓦时
1	上海铁力路示范充电站	上海特来电	100	40% 955.4	262
2	【示范站】宝山联长…	融和霆	160	61% 945.8	146
3	【示范站】宝山宝安…	融和霆	136	47% 788.6	68
4	安悦充电吴宝路公共…	安悦充电	136	65% 463.0	93
5	上海崇明巴士堡镇停…	上海特来电	155	1% 444.3	79
6	明仕虹桥商务区站	昶翊新能源	76	34% 430.1	204
7	易速超充站	星星充电	70	6% 428.6	168
8	康桥东路一零八八号…	煜砺新能源	60	32% 427.3	192
9	CDY上海莘庄伟业路充…	中羲新能源	58	56% 418.9	198
10	上海马路超级充电站	上海特来电	103	21% 399.9	106

图7-7 2022年度充电量排名前十位的出租车示范站相关情况

2022年小区示范站的充电量排名如图7-8所示,在小区示范站的运营方面,长宁区和浦东新区表现较好。其中浦东新区浦兴路街道凌河路354弄东陆新村二街坊的电动汽车充电站充电量排名第一,长宁区虹仙小区电动汽车充电站排名第二。上海浦东新区双桥小区的电动汽车充电站、上海市普陀区真如镇街道真如西村二小区的电动汽车充电站,其单枪日均充电量分别为48千瓦时、33千瓦时,显著高于其他小区示范站的单枪日均充电量,这两个小区示范站都由国网电动汽车服务公司运营管理。

排名	站点	运营商	电枪数/个	充电量/万千瓦时	单枪日均充电量/千瓦时
1	上海浦东新区浦兴…	国网电动汽车	15	7.2	13
2	上海长宁区虹仙小区…	国网电动汽车	11	5.8	14
3	上海浦东新区潍坊新…	国网电动汽车	13	5.6	12
4	上海长宁区新泾三村…	国网电动汽车	12	5.3	17
5	上海浦东新区双桥小…	国网电动汽车	3	5.2	48
6	上海市普陀区真如镇…	国网电动汽车	3	3.6	33
7	上海淞虹苑小区充电站	上海特来电	12	3.0	8
8	上海长宁区新泾五村…	国网电动汽车	6	2.2	18
9	共富二村三期	上海森通智达	5	2.1	8
10	上海长宁区锦苑小区…	国网电动汽车	10	2.0	5

图7-8 2022年度充电量排名前十位的小区示范站相关情况

第三节 小 结

为贯彻落实中央与地方政府关于各省市级充换电设施服务平台的工作要求,市级平台致力于提供全面的全市公共充电桩数据服务,包括安全监管、运行分析等关键功能。市级平台保持公正立场,定期向公众公布本省充电基础设施的运行情况,评估数据接入的真实性,对充电设施运营企业接入的静态、动态信息进行核对,配合政府推动对闲置充电桩(俗称"僵尸桩")的整改工作等。同时,市级平台也致力于为市民提供更优质的公共服务,提升公共充电网络的使用体验。这包括:促进信息共享与跨平台数据互联互通,为市民提供更加便捷的停车与充电服务;落实对充电场站的评星评级政策,落实出租车充电补贴(0.4元/千瓦时)、示范场站设备补贴以及基础度电补贴与星级奖励等的数据核对;积极维护行业秩序,提升全市充换电设施企业的营运能力等。此外,市级平台联联充电还积极参与政府推进的平台目录企业、智能充电桩产品目录的登记与公示工作,以及出租车示范站、示范小区的申报与评定等工作。

未来,市级平台联联充电将继续致力于服务政府、行业和公众,发挥平台的优势,不断提升服务质量,为全市充换电设施的发展提供更有力的支持。